DU RESPECT DES ROMAINS

POUR

LE DROIT DE PROPRIÉTÉ,

PAR M. BENECH,

PROFESSEUR A LA FACULTÉ DE DROIT DE TOULOUSE.

Jus civile æquitas constituta, iis, qui ejusdem civitatis sunt, ad res suas obtinendas.

E quo (quod cuique obtigit), si quis sibi appetet, violabit jus humanæ societatis.

Imprimis videndum erit ei qui rempublicam administrabit, ut suum quisque teneat, neque de bonis privatorum publice deminutio fiat.

(CICÉRON, *Topiq.* II; *de Offic.* I, 7, et II, 21.)

IMPRIMERIE

DE HENNUYER ET Ce, RUE LEMERCIER, 24.

1848

EXTRAIT DE LA *REVUE DE LÉGISLATION ET DE JURISPRUDENCE*,

Septembre, Octobre 1848.

DU RESPECT DES ROMAINS

POUR

LE DROIT DE PROPRIÉTÉ [1].

I. Le droit de propriété privée est une des bases fondamentales de l'ordre social. Quelques publicistes ont bien émis cette opinion, qu'il n'est que le produit des lois civiles [2]; mais ce sentiment, qui a été récemment réfuté avec succès [3], n'est autre chose que le résultat d'une confusion que l'on a faite entre les garanties que les lois civiles et politiques ont accordées à la propriété, et l'origine de la propriété. Ces lois ont, selon les temps et le caractère des peuples, protégé d'une manière plus ou moins large la fortune individuelle de chaque père de famille; mais elles ne l'ont pas créée. Intimement lié au principe de la liberté humaine, antérieur à la formation des sociétés, le droit de propriété est la conséquence directe des facultés de l'homme,

[1] Ce travail a été communiqué par l'auteur à l'Académie des sciences, inscriptions et belles-lettres de Toulouse, dans les séances des 26 juin et 6 juillet 1848.

[2] *Vid.* notamment Hobbes et Rousseau.

[3] Ch. Comte, *Du droit de propriété*, p. 352 et suiv. *Vid.* aussi dans le même sens les pages éloquentes de M. Cousin, en son *Introduction à l'Histoire de la philosophie du dix-huitième siècle* (*Moniteur* des 12 et 22 juillet 1848), et un article remarquable de M. Troplong, inséré dans le journal *le Droit*, du 21 juin 1848.

de son organisation, de son amour pour le travail, le but normal des rapports que Dieu a établis entre l'homme et la matière. Cicéron faisait briller sur un monde agité les doctrines des philosophes les plus célèbres de la Grèce, lorsqu'il écrivait, dans les dernières années de sa vie, ces paroles remarquables : « Que « si les hommes étaient conduits par la nature même à l'état de « société, les villes avaient été fondées et les gouvernements « constitués principalement pour garantir les propriétés pri- « vées. » *Hanc enim ob causam, maxime ut sua tenerent respubublicæ civitatesque constitutæ ; nam et si duce natura congregabantur homines, tamen spe custodiæ rerum suarum urbium præsidia quærebant*[1]. Vico, identifiant la propriété avec l'homme, disait, au commencement du dernier siècle, que Dieu lui-même ne pouvait détruire le droit de propriété privée sans détruire l'homme. «*Proprietà d'umana natura, che non può essere tolta all'* « *uomo nemmen da Dio, senza distruggerlo*[2]. »

Je me propose de mettre en relief aujourd'hui le respect que les Romains professèrent pour le droit de propriété. Ce respect a été grand ; nulle autre part il n'a été plus profond. La propriété privée fut sans doute chez ce peuple l'objet de nombreuses atteintes ; mais ces atteintes semblent, à cause de leurs caractères particuliers, avoir communiqué au principe une force nouvelle.

Pour embrasser tout mon sujet, j'aurai à me préoccuper successivement de ce qui s'est passé sous la monarchie, sous la république et sous l'empire.

I. Période monarchique.

II. C'est une opinion généralement adoptée au milieu des mythes qui environnent les premiers âges de Rome, que la propriété du sol, l'*Ager Romanus*, fut un moment toute nationale[3].

[1] *De Offic.*, lib. II, 21.

[2] *Scienza nuova*, lib. II.

[3] M. Giraud, *Recherches sur le droit de propriété*, p. 234 et suiv.

Conquis par la force, il fut dévolu collectivement à l'universalité des citoyens qui avaient tous participé à la conquête ; mais cet état de choses ne dura qu'un instant, car Varron fait mention de deux jugères distribués par Romulus à chaque citoyen, et qui étaient transmissibles aux héritiers ; *Bina jugera quod primum à Romulo divisa dicebantur, viritimque quod hæredem sequerentur, hæredium appellarunt* [1]. D'un autre côté, Cicéron, quoique ne parlant pas de la transmission héréditaire, atteste que Numa fit, entre tous les citoyens, une distribution analogue des terres conquises par Romulus, *ac primum agros quos bello Romulus ceperat (Numa) divisit viritim civibus* [2]. Voilà donc le droit d'appropriation privée constitué par les premiers actes de Romulus et de son successeur [3]. Cette partie de l'Ager fut qualifiée du nom d'*ager privatus* ; les autres parties du sol formèrent le domaine de l'Etat ; on le déclara imprescriptible ; il ne pouvait être aliéné que selon les formes solennelles réglées par le droit public, et ses revenus furent naturellement affectés aux charges publiques. On incorpora successivement à ce domaine les terres qui furent confisquées au préjudice des ennemis vaincus, et on donna aux diverses parties du sol dont il se composait le nom d'*ager publicus*.

III. Les Romains de cette époque primitive ne considérèrent pas seulement la propriété comme une institution civile. Fidèles aux traditions de l'antique civilisation de la Grèce, ils l'élevèrent à la hauteur d'une institution religieuse et politique. On voit, en effet, que la science de la délimitation et du mesurage des héritages est chez eux une science sacrée. L'*agrimensor* est au nombre des augures publics ; l'orientation et la limitation des terres n'est pas un simple bornage destiné à prévenir des contestations entre voisins, c'est une consécration religieuse de la

[1] *De re rustica*, lib. I, 10.

[2] *De republic.*, lib. II, 14.

[3] *Vid.* Marezoll, *Droit romain*, traduit par M. Pellat, p. 79.

propriété [1]. Aussi, la pierre qui est destinée à fixer les limites de deux héritages, et qui a reçu l'inauguration du rite sacerdotal sera divinisée. Les citoyens viendront offrir des sacrifices au dieu Terme, et Numa sanctionnera des dispositions par lesquelles celui qui osera porter une main impie sur la limite établie, sera dévoué aux Dieux, lui et ses bœufs. *Termino sacra faciebant*, dit Pompeius Festus, *quod in ejus tutela fines agrorum esse putabant; denique Numa Pompilius statuit eum qui terminum exarasset, et ipsum et boves sacros esse* [2]. L'atteinte au droit de propriété ne constituait donc pas une simple lésion du droit d'autrui, donnant lieu à des réparations civiles, mais un véritable sacrilége puni de peines capitales.

IV. L'importance politique de la propriété se révéla tout entière sous le règne de Servius Tullius qui distribua, comme on le sait, le peuple romain en six classes, organisées d'après le cens, et subdivisa ces classes en centuries, de telle sorte que les suffrages fussent au pouvoir, non de la multitude, mais de ceux qui possédaient, appliquant, dit Cicéron, un principe dont il ne faut jamais s'écarter en politique, celui de ne pas donner la puissance au nombre : *curavitque, quod semper in republica tenendum est, ne plurimum valeant plurimi ;* ou bien encore, comme le dit le même écrivain, n'excluant personne du droit de suffrage, mais voulant que la prépondérance restât acquise à ceux qui étaient les plus intéressés à la prospérité de l'Etat : *ita nec prohibebatur quisquam jure suffragii, sed is valebat in suffragio plurimum, cujus plurimum intererat esse rempublicam in optimo statu* [3].

Les censitaires étaient d'ailleurs seuls inscrits sur les contrôles

[1] *Vid.* M. Laboulaye, *Histoire du droit de propriété dans l'Occident*, chap. II.

[2] V° *Termino.* — *Vid.* dans M. Giraud, *Recherches sur le droit de propriété, du culte du dieu Terme*, p. 80 et suiv. ; et M. Michelet, *Origines du droit français*, v° *Limitation*, p. 96 et suiv.

[3] *Dict. loc.*

destinés au service militaire ; on refusait d'armer de la lance celui que l'on ne jugeait pas digne d'être armé du droit de suffrage [1]. Il y avait analogie entre les deux incapacités.

V. La propriété privée (*mancipium*) se produit donc à nos regards établie et organisée de la manière la plus virile, procédant de la conquête, scellée par le droit religieux, honorée par les institutions militaires et politiques. Pouvait-il en être autrement chez un peuple qui arrosait tous les jours de ses sueurs le champ qu'il avait d'abord arrosé de son sang, qui, après avoir conquis par les armes, était obligé de conquérir encore par la charrue, qui élevait sous son toit un autel à ses dieux domestiques, et construisait sur son héritage le tombeau où reposerait sa cendre et celle des siens ?

VI. Les modes de transmission de la propriété des choses que les anciens Romains appréciaient le plus, des *res mancipi* [2], traduisaient visiblement ces idées nationales. La cité est constamment représentée dans ces transmissions ; elle intervient dans la *mancipation*, par le concours de cinq témoins [3]; dans la *cessio in jure*, par le ministère du magistrat [4]; dans les testaments, par les comices [5]. Les questions qui intéressent la propriété sont réservées à la juridiction la plus imposante par le nombre des personnes qui sont appelées à l'exercer, c'est-à-dire au tribunal des centumvirs [6]. Les formules sacramentelles de la mancipation, de la cession *in jure*, de la revendication sous le système des *Actions de la loi*, marquent d'un sceau fortement

[1] M. Giraud, *Introd. histor. aux Eléments du droit romain*, p. 126. — Il faut arriver à l'époque de Marius pour voir les prolétaires appelés sous les drapeaux. (Salluste, *Jugurtha*, 86 ; Plutarque, *Marius*, 9.)

[2] Ulpien, XIX, *De domin. et adquisition. rer.*, I ; Gaius, II, 15 et suiv.

[3] Gaius, I, 119.

[4] *Ibid.*, II, 24. La mancipation et la cessio in jure fonctionnaient antérieurement à la loi des Douze Tables. *Vatican. Fragment.*, 50.

[5] Gaius, II, 101.

[6] *Vid.* sur l'origine des centumvirs et leurs attributions, Bachoffen, en sa Monographie, *De la condictio*; et Zimmern, *Des actions*, § 54.

frappé la distinction profonde qui existe entre *le tien et le mien*; *aio hanc rem* ESSE MEAM *ex jure quiritium*[1]...

De ces caractères de la propriété il suit naturellement que les citoyens pouvaient seuls participer à ses avantages; les étrangers en furent formellement exclus par cette formule célèbre : *adversus hostem æterna auctoritas esto*[2]. Dans chaque famille il n'y a qu'un seul propriétaire, c'est l'ascendant qui a droit de puissance, c'est celui qui, selon l'expression des jurisconsultes classiques, *in domo dominium habet*[3]. Enfin la propriété romaine ou quiritaire est indivisible; on la possède tout entière ou on n'en possède rien[4].

VII. La propriété privée n'a reçu, pendant cette première période, aucune espèce d'atteinte. Elle ne pouvait avoir à craindre que de deux côtés, du côté des rois ou du côté de la démocratie. Mais les rois n'avaient pas de pouvoir absolu; leur autorité était tempérée par la puissance des comices, et la démocratie n'était pas encore assez fortement organisée pour oser ce que nous la verrons entreprendre sous la République.

II. Période républicaine.

VIII. La loi des Douze Tables, qui date des premières années de la République, vint donner au droit de propriété privée une consécration nouvelle dont l'autorité devait se perpétuer à travers la suite des âges, dont la sagesse devait exciter l'admiration des plus grands génies. Il suffit de parcourir les textes principaux de cette législation décemvirale pour y trouver les traces nombreuses et non équivoques des garanties dont elle environnait le patrimoine de chaque père de famille. Ici, des principes fondamentaux du droit de créance ou des obligations (*de rebus creditis*); plus loin, des textes sur la transmission des hérédités

[1] Gaius, I, 119; II, 24; IV, 16.

[2] Cicéron, *De Offic.*, I, 12.

[3] Ulpien, frag. 195, 1, *De verb. significat.*

[4] Gaius, II, 40.

testamentaires et *ab intestat* consacrant de la manière la plus énergique, les uns le droit de disposition le plus absolu [1], les autres, à défaut de disposition de la part du père de famille, le droit héréditaire des enfants *sub potestate*, des membres de la famille civile ou des agnats, enfin de la *gens* [2]; bientôt après, des règles encore plus explicites sur la propriété et sur la possession [3], sur la protection spéciale due aux divers produits de l'agriculture, aux moissons qui sont la rémunération légitime du laboureur, aux arbres qui font la richesse ou l'ornement de son champ [4] : partout l'inviolabilité des fortunes individuelles, partout le principe de la propriété considéré comme le fondement de la société romaine. Que si dans quelques cas le principe fléchit en présence des considérations d'intérêt général, comme cela doit être dans toute société bien ordonnée, la loi des Douze Tables stipulera une large indemnité en faveur du propriétaire dépossédé [5], et l'exception ne fera ainsi que confirmer la règle.

Mais là où se révèle avec le plus de force le génie conservateur de la propriété, c'est la partie des dispositions décemvirales qui est relative au vol.

Le vol est l'ennemi le plus dangereux et le plus fréquent de la propriété. Eh bien ! la loi des Douze Tables va le traiter avec une rigueur que nous comprenons à peine, quand nous comparons le droit romain à notre droit moderne. D'abord, la définition du vol est des plus larges ; elle est effrayante par son ampleur. On commet un vol, non-seulement quand on détourne la chose d'autrui pour se l'approprier, mais, en général, toute les fois qu'on dispose d'une chose contre la volonté du propriétaire [6]. Le vol, lorsqu'il est manifeste, est puni d'une

[1] Uti super pecunia tutelave *suæ rei* legassit, ita jus esto (Ulpien, *Fragment.* XI, 14).

[2] Cicéron, *De invent.*, II, 50.

[3] Tabul. VI, restitution de Dirsken et Zellius.

[4] *Ibid.*, VIII.

[5] Ulpien, *Fragm.* I, *De tign. junct.* — Institut. de Justin., *De division. rer. et qualitat.*, 29.

[6] Gaius, III, 195.

peine capitale ; l'homme libre, après avoir été battu de verges, est attribué par l'addiction du magistrat à celui envers qui il a commis le vol [1] : l'esclave est battu de verges et précipité du haut de la roche Tarpéienne [2]. Que personne n'espère usucaper la chose volée : le délit lui a imprimé un vice qui s'attachera à elle et l'accompagnera entre les mains de tout détenteur ; la bonne foi de celui-ci sera impuissante à purger ce vice [3]. Enfin il est des jurisconsultes qui admettent (probablement encore à cette époque) que le vol peut avoir lieu en matière de choses immobilières [4]. L'ensemble de ces dispositions est significatif, et il le devient encore davantage, lorsqu'on le compare aux délits qui portent atteinte à la personne. L'atteinte à la propriété est, dans certaines conditions, plus rigoureusement punie que l'atteinte à la personne [5] ; on semble partir de cette idée que l'homme peut se protéger contre les injures de son semblable, tandis qu'il n'en est pas de même des biens composant son patrimoine.

Le corps du droit des Douze Tables, c'est-à-dire le fond du droit romain est donc fortement imprégné d'une haine profonde pour le vol ; cette haine sera vivace, si bien que, plus de six siècles après cette législation, les jurisconsultes la manifesteront encore dans leurs écrits [6].

Le sentiment des Romains des premiers temps de la république n'est donc pas seulement un sentiment de respect pour la propriété ; il constitue encore, comme dans le siècle de Numa Pompilius, un véritable culte ; et notons que ce culte ne s'est formé ni développé sous l'influence de mœurs corrompues, qu'il n'est pas le produit de cette avarice dont Plaute et Horace

[1] Gaius, III, 189.
[2] Aulu-Gelle, N. A, XI, 18.
[3] Gaius, II, 45, 49.
[4] *Ibid.*, II, 51.
[5] *Ibid.*, III, 223.
[6] *Ibid.*, IV, 4. Plane *odio furum*, quo magis actionibus teneantur, etc.

aimèrent plus tard à flageller les excès. Le culte de la propriété s'établit et se fortifie dans des âges où les mœurs sont encore pures, honnêtes, où l'égoïsme n'a pas poussé des racines profondes, où la pauvreté est en honneur, où les premiers citoyens ne laissent pas de quoi faire face aux dépenses de leurs funérailles [1]. C'est là un point de vue qu'il ne faut pas oublier, car il est tout en l'honneur de la propriété romaine.

IX. Les divers éléments du droit civil qui se succédèrent depuis les Douze Tables jusqu'à la fin de cette période, ne firent qu'augmenter encore les garanties dont nous venons de parler. Et ce qu'il y a de remarquable, c'est que les garanties nouvelles résultèrent bien souvent des plébiscites ou dispositions de lois votées par les plébéiens. Il suffira d'en citer pour exemple les lois Aquilia, Atinia et Plautia ; ce dernier plébiscite fut très-important, en ce qu'il déclara que les choses dont le propriétaire avait été dépossédé par la violence ne pourraient pas être usucapées, même par des tiers détenteurs de bonne foi ; la violence fut placée avec raison sur la même ligne que le vol [2].

Le droit prétorien vint à son tour, au moyen des interdits [3] et des actions utiles, fournir à la propriété, et surtout à la possession, le concours de ses institutions ; de telle sorte qu'on peut dire que chez aucun peuple le droit de propriété n'a été ni mieux protégé, ni mieux armé pour résister à toutes les attaques dont il pourrait devenir l'objet. Cependant la propriété a été, durant le cours de cette période, plus d'une fois violée ; c'est ce qu'il importe d'étudier.

X. C'était, il y a encore quelques années, parmi nous une opinion beaucoup trop accréditée, surtout dans le vulgaire, que la propriété privée avait été souvent entamée ou bouleversée chez les Romains par les lois agraires. Cette opinion s'était établie à la faveur des écrits de quelques érudits des seizième et dix-

[1] Valère-Maxime, IV, 4, *De paupertate*.
[2] Gaius, II, 45, 49.
[3] *Ibid.*, IV, 138 et suiv.

septième siècles. Montesquieu, par ses idées inexactes sur de prétendus partages des biens[1], avait lui-même puissamment contribué à la propager. Mais, à la fin du dernier siècle, deux érudits, Hollmann [2] et Heyne [3], en démontrèrent la fausseté ; ils prouvèrent que les lois agraires n'avaient jamais eu trait qu'au partage de l'*ager publicus*, c'est-à-dire de cette partie du domaine public, qui se composait principalement de terres conquises sur l'ennemi, que les patriciens avaient pour la plupart usurpées, et dont les plébéiens demandèrent un partage égal entre tous les citoyens. Un des plus illustres érudits modernes, Niebuhr, a plus récemment donné de nouveaux développements à cette thèse [4], qui s'appuie sur des textes nombreux et tous concordants, empruntés notamment à Tite-Live, à Plutarque, à Appien, à Cicéron, et qui est merveilleusement d'accord avec l'esprit romain, si pratique, si positif, si antipathique à toutes les utopies. Ces textes sont si décisifs, que la critique moderne considère ce point historique comme étant définitivement éclairci [5].

La question de savoir si les lois agraires, et plus particulièrement celles qui furent proposées par les tribuns Licinius Stolo et L. Sextius, n'eurent pas au moins pour objet de limiter à 500 jugères le maximum du sol que chaque père de famille pouvait posséder, offre des difficultés. On voit, en effet, qu'elle a divisé et qu'elle divise encore des hommes d'un mérite éminent. Parmi nous, M. Dureau de Lamalle [6], reprenant l'opinion qu'avaient soutenue, dans d'autres temps, Sigonius et Machia-

[1] *De la grandeur et décadence des Romains*, chap. III, L. 1 ; *Esprit des lois*, liv. XVII, chapitre unique.

[2] Dans une thèse présentée en 1674, à l'Université de Strasbourg.

[3] *Opusc. Academ.*, IV, p. 350 et suiv.

[4] *Histoire romaine*, traduct. de M. de Golbéry, III, 175 et 176, 166, 171, 179, 178, 224, 233 ; IV, 157.

[5] Giraud, *Recherches sur le droit de propriété*, p. 175. Laferrière, *Droit civil de Rome*, etc., p. 520 ; Laboulaye, *Histoire du droit de la propriété en Occident*, chap. II, et Antonin Macé, des *lois agraires* chez les Romains, *passim*. Voy. aussi le compte-rendu de ce dernier travail.

[6] Mémoires de l'Acad. des inscriptions et belles-lettres, XII, 404 et suiv.

vel, a cherché à démontrer que ce chef des rogations Liciniennes s'appliquait, dans sa généralité, à l'*ager privatus* comme à l'*ager publicus*. En Allemagne, cette opinion a rencontré de nombreux partisans, parmi lesquels il faut classer Rudorff, Huschke et plusieurs autres. Mais, d'un autre côté, Nieburh et Savigny ont soutenu cette doctrine que la loi de Licinius Stolo, en fixant à 500 jugères le niveau le plus élevé des fortunes agraires, n'avait trait qu'à l'*ager publicus* et non à l'*ager privatus*. Cette dernière opinion a encore prévalu en France [1].

S'il m'est permis d'émettre un sentiment personnel, je dirai que j'adhère pleinement à cette opinion. Je me fonde sur plusieurs raisons.

D'abord, les textes d'Appien [2] et de Tite-Live [3], qui constatent de la manière la plus explicite que les propositions de Licinius Stolo et de L. Sextius ne se référaient qu'à l'*ager publicus*, ne sont détruites par aucun des textes des autres écrivains qu'invoquent les partisans de l'opinion contraire. Ces derniers textes doivent se diviser en deux catégories. Dans la première, je classe tous ceux qui, rappelant la mesure fixée par les lois Liciniennes, se servent du verbe *possidere*, comme on le voit, par exemple, dans cette formule de Valère Maxime : *Licinius Stolo, cum lege sanxisset, ne quis amplius quam quingenta jugera agri* POSSIDERET [4]. Dans la seconde, je comprends tous ceux dans lesquels cette locution ne se rencontre pas. A cette catégorie appartiennent des fragments d'Aulugelle [5], de Columelle [6], de Plutarque [7] et de quelques autres.

par M. Laboulaye, *Revue de législation*, t. XXVI, p. 385 et suiv.; et XXVII, p. 1 et suiv.

[1] *Vid.* MM. Giraud, Laferrière, Laboulaye, et Ant. Macé, *dict. loc.*

[2] *De Bell. civil*, I, 9.

[3] VI, 35, à combiner avec le § 39, *Ibid.*, avec § 4 du titre XXXIV, et surtout avec l'*Epitome* du liv. LVIII.

[4] VIII, 6, 13.

[5] N. A., XX, 1.

[6] *De re rustica*, I, 2.

[7] *Camill.*, 39.—Pour avoir l'opinion exacte de Plutarque, il faut combiner ce fragment avec ce qu'il écrit sur Tibérius Gracchus, 9.

Pour les textes de la première espèce, loin de combattre l'opinion que j'ai adoptée, ils me paraissent devoir au contraire la fortifier, car il est aujourd'hui constant en philologie juridique que les mots *possidere*, *possessiones*, appliqués à l'*ager*, constituent des expressions presque sacramentelles qui ne doivent s'entendre que de l'*ager publicus* [1]. Quant à ceux de la seconde espèce, ils sont impuissants pour infirmer, par leurs formules générales, l'autorité des formules spéciales et précises que l'on rencontre dans les écrivains dont j'ai déjà parlé, c'est-à-dire dans Appien et Tite-Live. Mais l'argument qui me paraît le plus sérieux, et que je considère, pour ma part, comme décisif, c'est que la loi agraire de Tibérius Gracchus n'était, au fond, que la reproduction de la loi de Licinius Stolo ; Velléius Paterculus l'affirme en ces termes : *Dividebat agros, vetabat quemque civem plus quingentis jugeribus habere*, QUOD ALIQUANDO LEGE LICINIA CAUTUM FUERAT [2]. Or, il est certain que les lois des Gracques n'avaient trait qu'à l'*ager publicus* ; tous les historiens en sont d'accord. Je me bornerai à citer ces paroles de Cicéron : *Gracchos plebem in* AGRIS PUBLICIS *constituisse* [3] ; et Cicéron ne pouvait pas se tromper, car il vivait dans le même siècle que les Gracques, peu de temps après Caius Gracchus [4]. Le véritable caractère des lois agraires que la fin tragique de leurs auteurs avait rendues encore plus célèbres, ne pouvait être ignoré de l'orateur qui a prononcé les trois discours *De lege agraria*.

Ajoutons qu'il était toujours bien entendu, à Rome, que les lois agraires proprement dites ne se référaient jamais qu'au partage de l'*ager publicus*. Il ne faudrait donc rien moins qu'un texte positif dans les lois Liciniennes, pour qu'il fût possible

[1] Nieburh, *Histoire romaine*, III, 297 et suiv. ; Savigny, *Traité du droit de possession*, 444 et suiv. ; M. Giraud, *Recherches sur le droit de propriété*, cite une foule de textes en ce sens, p. 191 et suiv.

[2] Liv. II, 6. Appien atteste aussi ce fait (*De Bell., civil.*, I, 9).

[3] *De leg. agrar.*, II, 5.

[4] L'histoire du tribunat des Gracques est resserrée dans la période de 619 à 633 de Rome, et Cicéron était né en 647.

d'appliquer le chef dont il est question à l'*ager privatus*. Considérons donc comme certain que les lois agraires, qui occupent une place importante dans l'histoire politique de Rome, qui soulevèrent tant d'orages et remuèrent tant de passions, qui se produisirent périodiquement dans tous les temps de crise, depuis l'année 268 de la fondation de la cité, jusqu'au temps de Jules César, et qui ont attaché d'impérissables souvenirs aux noms de Spurius Cassius, d'Icilius, de Licinius Stolo et L. Sextius, des Gracques, de Rullus, n'ont pas eu pour objet de porter atteinte au domaine des particuliers, qu'elles n'avaient trait qu'au partage de l'*ager publicus*, et non de l'*ager privatus*. Admettons également que si elles fixent la limite que les possessions des particuliers ne pourront dépasser, cette limite ne s'appliquait aussi qu'à des possessions de terres publiques, et non à des possessions privées.

XI. La première atteinte qui fut portée à la fortune individuelle a frappé, non pas la propriété proprement dite, mais bien le droit de créance, ou le droit dérivant des obligations (*nexus*). Elle fut le résultat de ce que les Romains appelaient *novæ tabulæ*, c'est-à-dire l'abolition des dettes. Ce peuple ne fut pas l'inventeur de ce mode violent de libération ; il en avait emprunté l'idée aux peuples de la Grèce, qui l'avaient plusieurs fois mis en pratique [1].

XII. A Rome, l'abolition des dettes est tantôt radicale, et par suite, les débiteurs sont complétement libérés ; tantôt elle n'est que partielle ; quelquefois il s'agit de n'accorder aux débiteurs qu'un simple atermoiement, avec faculté pour eux de se libérer au moyen de payements partiels ; d'autres fois, enfin, on se borne à autoriser les débiteurs à imputer ou précompter sur le capital les intérêts déjà payés. Je citerai à cet égard quelques faits historiques des plus remarquables.

A l'époque de la première retraite des plébéiens sur le Jani-

[1] Les Grecs l'appelaient χρεων προχοπης. (Appien, *De bell. civil*, I, 1.)

cule, une classe entière de débiteurs obtint la remise totale des dettes. Le témoignage de Denys d'Halicarnasse est positif [1]. En l'année 377, une violente sédition éclata. La matière et la cause de cette sédition étaient les dettes. Les légions des Volsques avaient envahi les frontières, et dévastaient partout le territoire de Rome. Il n'y avait pas un instant à perdre ; mais les tribuns s'opposèrent aux enrôlements des plébéiens, et déclarèrent qu'ils ne marcheraient pas contre l'ennemi, si on ne suspendait pendant toute la durée de la guerre, et la perception du tribut, et les poursuites contre les débiteurs [2]. A la fin du même siècle, il fut décidé, par suite des propositions de Licinius Stolo et de L. Sextius [3], qu'on imputerait sur le principal les intérêts perçus, et que le payement du surplus se ferait sans intérêt en trois payements annuels [4]. En 408, une loi nouvelle décréta que les dettes seraient acquittées en quatre payements égaux, dont le premier comptant, et le reste dans l'espace de trois ans [5]. En 413, un corps d'armée campé près de Capoue s'insurgea ; les soldats, poussés au désespoir par l'énormité de leurs dettes, craignant d'être livrés à leurs créanciers dès leur retour à Rome, exigèrent d'être affranchis de tous leurs engagements. Chemin faisant, ils rencontrèrent des ouvriers enchaînés, qui n'étaient autres que des débiteurs. Ils les délivrèrent [6]. Plus tard, sous le consulat de Valérius Flaccus, qui fut substitué à Marius, les débiteurs furent libérés en payant 25 pour cent, ainsi que l'atteste Salluste [7], qui laisse pressentir que cette réduction aurait eu lieu avec l'assentiment de tous les bons citoyens. Enfin, Jules César, devenu dictateur, décréta, entre créanciers et débiteurs, un mode de liquidation accompagné de facilité de payement qui,

[1] Liv. v, 23.
[2] Tite-Live, vi, 31.
[3] En 378-388.
[4] Tite-Live, vi, 35.
[5] *Ibid.*, vii, 27.
[6] *Vid.* Nieburh, *Hist. rom.*, v, 92 et 93, et les autorités par lui citées.
[7] *Catilinar.*, xxxiii.

d'après les calculs de Suétone[1], réduisait les dettes d'environ un quart. Je ne produis ici que quelques-uns des faits historiques échelonnés dans l'histoire du peuple romain, car les demandes de ce genre y abondent ; comme les lois agraires, elles renaissent toujours dans les moments de troubles. Tite-Live dit que c'était les deux torches incendiaires dont s'armaient les novateurs, pour allumer la fureur des pauvres contre les riches, *duas faces novantibus ad plebem adversus optimates accendendam*[2].

Jules César voulant se justifier, au commencement du troisième livre de son *Commentaire sur les guerres civiles*, de la mesure dont il fut l'auteur et dont j'ai déjà parlé, disait : *Hoc et ad timorem novarum tabularum tollendum minuendumque, qui fere bella et civiles dissensiones sequi consuevit*. Après lui, Appien ouvrait son beau traité sur les guerres civiles des Romains en constatant le même fait.

XIII. L'abolition ou la réduction des dettes, qui se produit toujours comme une mesure générale, avait lieu en vertu d'une loi. Cela résulte de l'ensemble des fragments de Tite-Live, de Denys et d'Appien. Salluste parle, de son côté, des décrets (*decreta*) qui intervenaient à cet égard[3], et Cujas, expliquant le fragment 50, au Digeste, *De Actionibus empti et venditi*, où le jurisconsulte raisonne dans l'espèce d'un acheteur qui a cessé de devoir le prix par le bienfait de quelque loi, *cum emptor alicujus legis beneficio, pecuniam rei venditæ debere desiisset*, enseigne que ce *beneficium legis* devait s'entendre des anciennes lois relatives aux *novæ tabulæ*[4].

XIV. Aux divers actes constituant l'abolition ou la réduction des dettes, il faut joindre ceux qui détruisirent quelques-uns des droits les plus rigoureux des créanciers, et améliorèrent sensiblement la condition des débiteurs.

[1] *In Jul. Cæsar.*, XLII.
[2] XI, 34.
[3] *Catilinar.*, XXXIII.
[4] Tome VII, col. 814.

Dans ce nombre on doit classer, avant tout, la célèbre loi Pætelia qui, dans les premières années du cinquième siècle de la fondation de Rome, abolit complétement la contrainte au travail pour dettes, et adoucit l'incarcération du débiteur [1].

XV. L'abolition ou la réduction des dettes ont donc été, sous la république, dans diverses circonstances, une atteinte plus ou moins grave portée, non pas au droit de propriété, car il est de principe fondamental dans le droit romain que les obligations ne transfèrent pas des droits absolus, qu'elles n'engendrent des rapports qu'entre le créancier et le débiteur [2], mais aux droits de créance dérivant des obligations, aux droits dérivant du *nexus*. Quel jugement devons-nous porter sur cette atteinte ?

XVI. Dans l'état d'une civilisation avancée, quand les lois qui règlent les rapports de créancier à débiteur sont douces et équitables, placées en dehors du mouvement politique, lorsque l'usure n'est point pratiquée, des actes de la nature de ceux que nous étudions ne seraient autre chose qu'une spoliation pure et simple, qu'une banqueroute odieuse. Il ne faut pas, en effet, perdre de vue que la fidélité à tenir les engagements contractés est le fondement de la justice : *fundamentum justitiæ fides, id est dictorum conventorumque constantia et veritas*, disait Cicéron [3] ; que cette base étant ébranlée, il n'y a plus de société humaine possible, *fidem abrogari cum qua omnis humana societas tollitur* [4]. Mais examinons dans quelles circonstances se produisait la demande de l'abolition des dettes ?

Chez aucun peuple, la condition des débiteurs n'a été plus misérable qu'à Rome, surtout sous la république.

[1] *Vide*, sur le véritable esprit de cette loi, M. Giraud, des *Nexi*, ou de la condition des débiteurs chez les Romains. (Extrait du tome v[e] des Mémoires de l'Académie des sciences morales et politiques.)

[2] Fragm. III, *De obligat. et action.*

[3] *De offic.*, I, 7.

[4] Tite-Live, VI, 41, *in fine*, discours d'Appius Claudius. Les jurisconsultes disent aussi : *Grave est fidem fallere.*

L'usure, malgré les lois qui l'ont successivement prohibée, s'y produit tellement effrénée, qu'une partie de la cité était comme engloutie et abîmée dans le gouffre que ce mal dévorant avait creusé : *mersam et obruptam fœnore partem civitatis,* dit Tite-Live [1]. Pendant longtemps les débiteurs appartiennent tous à la classe des plébéiens, le patricien figure seul dans les rangs des créanciers, et les créanciers sont d'une dureté inexorable.

L'histoire romaine de ces temps est pleine du récit des traitements affreux auxquels sont condamnés les débiteurs en retar d'acquitter leurs engagements. La situation lamentable des *judicati,* des *nexi* et des *addicti* est représentée par tous les écrivains sous les plus sombres couleurs [2]. Les créanciers n'avaient-ils pas le droit, dans certaines conditions, de tenir le débiteur en charte privée? de le frapper du fouet? de le charger de chaînes, dont la loi des Douze Tables avait fixé le poids? de l'emmener au delà du Tibre, et, là, de le vendre comme le plus vil des esclaves [3]?

Le débiteur plébéien est d'autant plus digne d'intérêt, qu'il a, le plus souvent, contracté ses dettes pour acquitter les charges publiques qui pèsent sur lui, ou parce que son absence, nécessitée par le service militaire, l'a forcé de déserter la culture de son champ : *fœnore oppressa plebs,* dit Salluste, *cum assiduis bellis tributum simul et militiam toleraret* [4]. Dans ces conditions, l'abolition des dettes ne fut souvent qu'un acte de justice en faveur du débiteur qui avait déjà soldé, en intérêts usuraires, au delà du capital, et, par suite, éteint l'obligation dont il était tenu. Cette abolition s'explique donc, et se légitime dans plus d'une circonstance; elle n'engage pas seulement une simple question de droit civil, elle se rattache essentiellement à des idées poli-

[1] VI, 16.

[2] *Vide* notamment les livres II et VI de Tite-Live; Aulugelle, *N. A.*, XXI, 1, et le Mémoire déjà cité de M. Giraud sur les *nexi*. *Vide* aussi M. Troplong en son introduction au *Commentaire du titre du prêt à intérêt*.

[3] *Tabul.*, III; Aulugelle, *N. A.*, *dict. loc.*

[4] *Fragment*, liv. I, 7.

tiques, aux instruments de l'oppression tyrannique que les patriciens faisaient peser sur les plébéiens.

Pour apprécier impartialement la mesure des *novæ tabulæ*, il ne faut l'isoler ni des excès de l'usure, ni des sévices que les créanciers pratiquaient sur la personne des débiteurs ; tout cela est intimement lié. C'est, en effet, une chose très-remarquable que la première sédition, la première retraite du peuple sur le Janicule, fut provoquée par la dureté des créanciers, par les ravages qu'avait faits l'usure : *prima discordia ob impotentiam fœneratorum*, dit Florus, *quibus in terga quoque serviliter sævientibus, in sacrum montem plebs armata secessit* [1] ; et c'est à la suite de cette retraite que les plébéiens demandèrent et obtinrent, pour la première fois, l'abolition des dettes.

Plus tard, lorsque par l'effet du changement profond qui s'opéra dans la société romaine, on vit un grand nombre de patriciens descendre dans la classe des débiteurs, et des plébéiens se livrer à l'usure, l'abolition des dettes, si elle continua à se légitimer dans le cas où des intérêts usuraires balançant le capital prêté avaient été perçus, elle se transforma quant à son caractère politique.

Elle cessa d'être une arme de la démocratie contre l'aristocratie ; on vit, sous le consulat de Cicéron [2], des hommes de tous les ordres et de toutes les conditions solliciter vivement l'abolition des dettes. La position des débiteurs ayant été sensiblement améliorée, en ce qui concerne les voies d'exécution sur la personne, les *novæ tabulæ* perdirent une partie de l'intérêt qui s'attachait à elles dès l'origine, et pendant toute la période antérieure à la loi *Pœtelia*.

XVII. En résumé, équitable dans certaines circonstances, à l'égard de certains débiteurs, c'est-à-dire à l'égard de ceux qui avaient été ruinés par l'usure, *fœnore trucidati*, selon l'éner-

[1] Liv. I, 23. Voyez aussi Salluste, *Fragm.*, I, 7 ; et Tite-Live, liv. II, Epitom.

[2] *De officiis*, II, 24.

gique expression de Tite-Live [1], l'abolition ou la réduction des dettes était souverainement injuste par rapport à d'autres, c'est-à-dire par rapport à ceux de qui les créanciers n'avaient perçu aucun intérêt usuraire, au préjudice desquels aucune sorte d'exaction n'avait été commise ; mais à ceux-là seulement s'appliquait avec exactitude le langage d'Appius, qui combattait les propositions des tribuns relatives à l'abolition des dettes, en leur reprochant de faire des libéralités avec le bien d'autui, *pecunias alienas dono dant* [2]. Environnée de faveurs dans quelques conjonctures, cette intervention de l'Etat dans les affaires privées était éminemment odieuse dans d'autres rencontres.

L'abolition des dettes que Catilina promettait à ses complices, en même temps que la proscription et le pillage des riches [3], n'offrait-elle pas ce dernier caractère ? N'en était-il pas de même de celle que Jules César décréta, dans l'unique but de se créer des partisans ? Telle est notre appréciation sur l'usage que les Romains firent des *novæ tabulæ*, expédient acerbe qui, lors même qu'il se trouvait d'accord avec la justice, n'en produisait pas moins pour cela de fâcheux résultats ; car l'incertitude qu'il jetait dans l'exécution des engagements ébranlait le crédit privé, augmentait le prix de l'argent, et amenait des stipulations usuraires encore plus exagérées.

Dans son traité *de Republica*, Cicéron semblait donner son approbation à cette mesure, comme à un moyen nécessaire de venir en aide à la misère publique dans les temps de crise [4] ; mais dans les dernières années de sa vie, son opinion avait entièrement changé. En effet, dans son traité *de Officiis* [5], on le voit s'élever avec la plus grande énergie contre l'abus que le parti vainqueur avait fait de l'abolition des dettes. Je ne puis

[1] VI, 37.
[2] Tite-Live, VI, 41.
[3] Salluste, *Catilin.*, XXI.
[4] II, 34.
[5] Ce traité est de l'année 709, tandis que le traité *De republica* est de l'année 703 et 704.

m'empêcher de citer quelques-uns de ses fragments : « La sa-« gesse consiste, disait-il, à prévenir cet excès de dettes nui-« sible à la république, et il est plusieurs moyens d'atteindre « ce but, mais non à guérir le mal. On n'y parviendra pas « en dépouillant les riches pour enrichir les débiteurs ; le « plus ferme soutien de la chose publique c'est la confiance : « elle ne peut exister, lorsque la loi n'oblige point à payer ses « dettes ; jamais l'abolition ne fut poursuivie plus vigoureuse-« ment que sous mon consulat. Des hommes de toute condition « se réunirent et la demandèrent le fer à la main, enseignes dé-« ployées. Ma résistance sauva la république du coup fatal qui « la menaçait. Ceux qui gouvernent la république, ajoutait-il « bientôt, s'abstiendront donc de ce genre de libéralité, qui enlève « aux uns pour donner aux autres. Ils commenceront par mettre « la propriété de chacun sous la protection des lois et des magis-« trats : » *Ab hoc igitur genere largitionis ut aliis detur, aliis auferatur, aberunt, qui rempublicam tuebuntur, imprimisque operam dabunt, ut judiciorum æquitate, suum quisque teneat*[1]. Cicéron avait été indigné du décret de Jules César[2], dont il était l'adversaire politique, et sous l'influence de ce sentiment, il écrit dans divers fragments du traité auquel nous venons de faire un emprunt, une défense admirable du droit de propriété et du droit dérivant des obligations. Sa doctrine est assurément irréprochable au fond, car elle est toute sociale et tout empreinte du profond respect que les Romains avaient pour la foi jurée, et pour le principe qui servait de base aux fortunes individuelles. Son langage nous paraît néanmoins pécher, par sa trop grande généralité, en ce qui concerne les *novæ tabulæ*, parce qu'il ne tient aucun compte du caractère de justice qu'avait l'abolition ou la réduction des dettes dans les cas les plus fréquents, c'est-à-dire ceux où la perception des intérêts usuraires avait altéré et changé la position normale des débiteurs et des créanciers. Il

[1] II, 22, 23 et 24.

[2] *Vid.* aussi en ce sens, *ad Atticum*, épît. XI.

en est de même du langage de Sénèque qui, dans son traité *de Beneficiis,* improuve les *novæ tabulæ*, sans aucune distinction [1]. Enfin, Velleius Paterculus qualifiait de loi la plus honteuse, *turpissima lex* [2], celle qui, sous le consulat de Valerius Flaccus, réduisit les dettes d'un quart, et Salluste a pourtant constaté que cette réduction avait été accordée avec l'assentiment de tous les gens de bien, *volentibus omnibus bonis* [3].

L'usure était-elle donc à Rome un mal tellement invétéré, tellement incurable, que les hommes les plus droits ne durent plus se préoccuper de l'influence qu'elle devait exercer sur les rapports de créancier à débiteur?

XVIII. Dans l'ensemble des fragments déjà cités, Cicéron s'élevait avec la même véhémence contre les lois agraires ; mais son opinion sur ce point avait éprouvé aussi plus d'un changement.

En effet, dans ses discours contre le projet de loi présenté par Rullus [4], nommé récemment consul par la faveur populaire, il fait l'éloge des Gracques et de leurs lois. Mais plus tard, quand il se fut lié au parti oligarchique, il blâma l'audace des Gracques, comme on le voit dans ses harangues sur les provinces consulaires [5], et contre Pison [6]. Son langage dans le traité *de Officiis* [7], semble être la consécration définitive de cette dernière opinion. Mais qui le croirait! postérieurement à ce traité, et quelques jours seulement avant sa mort, Cicéron propose un projet de loi agraire [8]! Son sentiment sur les lois agraires a donc varié en

[1] Liv. I, 4, *in fine*. *Vid.* aussi épître LXXXI.

[2] II, 23.

[3] *Catilinar.*, XXXIII. Ces paroles se trouvent dans le message que C. Mallius envoie à Q. Marcius Rex.

[4] Prononcés en 689.

[5] *Id.* en 697.

[6] *Id.* en 698.

[7] De l'année 708-709.

[8] *Vide* M. Antonin Macé, *Des lois agraires*, p. 35 et 36.

raison des temps et des circonstances. De quel côté était la vérité, entre ces jugements divers ?

En droit rigoureux, les lois agraires étaient à l'abri de toute objection sérieuse. Voyez, en effet, comme le langage des tribuns était pressant ! qui avait contribué le plus à la conquête de ces terres qu'il s'agissait de partager ? C'étaient, sans contredit, les plébéiens ; et pourtant les patriciens les ont injustement usurpées. Ils ne les avaient d'abord occupées, il est vrai, qu'à la charge de payer une redevance à l'État (*vectigal*) ; mais ils se sont bientôt affranchis de cette obligation.

Ils cumulent maintenant ces possessions considérables et leurs fortunes privées ; et pendant qu'ils jouissent de tous les avantages de la richesse, les plébéiens sont condamnés à vivre dans le dénûment le plus affreux. Ces hommes, qu'on appelle les conquérants du monde, n'ont pas le plus petit manoir pour y abriter leurs dieux pénates, pas un seul coin de terre pour y construire leurs tombeaux.

Ceux qui combattent, ceux qui versent leur sang pour leur pays, n'y ont que la lumière et l'air qu'ils respirent ; sans maison et sans demeures fixes, ils errent de tous côtés, avec leurs femmes et leurs enfants [1].

Tel était, en substance, le langage des tribuns, à l'appui des lois agraires. Mais ils ne songèrent jamais, dans les temps les plus malheureux, à demander le partage des terres composant le patrimoine de chaque père de famille. Eux qui attaquèrent et renversèrent, un à un, tous les priviléges de la noblesse, considérèrent toujours le principe sacré de la propriété privée, comme une barrière infranchissable. Au milieu des luttes du forum, dans les retraites sur le mont Sacré, sous le feu des plus ardentes séditions, quelque passionné que soit leur langage, quelque véhémentes que soient leurs récriminations contre l'aristocratie, un seul mot ne leur est jamais échappé, qui ait mis en question le droit de pro-

[1] *Vide* dans Appien, *De bell. civil.*, I, et dans Plutarque, *in Tiber. Gracch.*, IX, la harangue de Tibérius Gracchus.

priété privée. Mais autant ils étaient respectueux pour ce droit, autant ils étaient pleins d'énergie et de persévérance pour réclamer le partage des terres publiques.

De leur côté, les patriciens, sans contester le droit de l'Etat qui était incontestable et imprescriptible, se retranchaient derrière une sorte d'équité prétorienne. Ils invoquaient non-seulement leur possession, mais les travaux à l'aide desquels ils avaient fécondé la partie des terres qu'ils occupaient. Ils disaient qu'ils les avaient enrichies par des plantations, embellies par des édifices. Les uns avaient acheté à chers deniers, les autres avaient, sur la foi de ces possessions, emprunté à gros intérêt. Ceux-ci avaient placé sur ce sol la dot de leurs femmes ; ceux-là l'avaient donné en dot à leurs filles ; beaucoup l'ayant reçu de leurs ancêtres, alléguaient une espèce de droit héréditaire ; tous invoquaient la consécration qu'ils avaient donnée à ces terres par la religion des tombeaux [1].

Je ne parle pas des grandes difficultés que devait rencontrer l'exécution des lois agraires, puisqu'il fallait démêler exactement la part faite aux alliés de celle qui revenait aux citoyens romains, les possessions privées, de celles qui faisaient partie de l'ager publicus ; et cela, après de longues années d'une possession paisible, d'une culture souvent uniforme ; après des changements nombreux de limites, des altérations ou des pertes de titres. Ces difficultés ne pouvaient influer en rien sur le droit lui-même.

Les raisons que faisaient valoir les patriciens, et qui étaient prises de l'amélioration des terres, des dots reçues ou comptées, de l'argent emprunté ou livré sur la foi de la possession, n'auraient eu aucune valeur, si elles eussent été invoquées par les auteurs directs et personnels de l'usurpation. Le vice, qui s'attachait à l'origine de leurs possessions, n'aurait pas permis de

[1] Telle est l'analyse sommaire des moyens que faisaient valoir les patriciens. On en trouve l'indication dans Cicéron, *De offic.*, liv. II, 22 et 23 ; dans Appien, *De bell. civil.*, II ; et dans Florus, liv. II, 13.

s'y arrêter. Mais présentées par des personnes nouvelles, qui pouvaient quelquefois faire valoir leur bonne foi, les considérations qui viennent d'être exposées étaient de nature à faire une vive impression sur l'esprit public, et à mettre l'équité de leur côté.

Les plébéiens le comprirent bien vite, puisqu'on voit qu'à une époque contemporaine des XII Tables[1], le tribun Icilius, en proposant la loi agraire qui était relative au partage des terres publiques de l'Aventin, réservait expressément que les impenses utiles qui avaient pu être faites par les possesseurs de ces terres publiques, seraient évaluées par des arbitres, et remboursées préalablement par l'Etat. La loi fut adoptée et exécutée avec cette réserve. Nous en avons pour garant le témoignage de Denys d'Halicarnasse. Le premier chef de la loi déclarait qu'il n'était porté aucune atteinte à la propriété privée ; le second était ainsi conçu : «οσα δε βεβιαμενοι τινες η κλοπη λαβοντες ωκοδομησαντο, κομιασιμους τασ δαπαναι αν οι διαστηται γνωσι, τω δημω παραδιδοναι[2].» Dans les propositions faites plus tard pour le partage d'autres parties de l'ager publicus, cette condition ne se retrouve pas, à moins que les cinq cents jugères, que la loi de Licinius Stolo permettait aux possesseurs de conserver, ne constituassent une indemnité ; mais ce qu'il y a de certain, c'est que deux cents ans après Icilius, Tibérius Gracchus reconnut de nouveau la justice du principe de l'indemnité. Plutarque atteste ce fait important, capital pour l'étude des lois agraires, fait qui n'est pas assez connu, et qui devrait suffire pour réhabiliter la mémoire du célèbre auteur de la loi proposée en l'an 619 de Rome.

Voici ce que nous dit l'historien grec[3] : «Il semble que jamais « ne fut faite loi si douce, si gracieuse que celle-là contre une « si grande injustice, et si grande avarice. Car ceux qui devoient « être punis, en ce qu'ils avoient contrevenu aux lois, et à qui « on devoit ôter par force les terres qu'ils tenoient injustement,

[1] An 299 de Rome.

[2] Liv. x, 32. *Vide* M. Antonin Macé, *Des lois agraires*, p. 168 et 169.

[3] *In Tiber. Gracch.*, IX. Je copie la traduction d'Amyot.

« il voulut que ceux-là fussent *remboursés par le public, de ce* « *que les terres qu'ils tenoient injustement pouvoient valoir*[1]. »

Rien n'est plus explicite que ce langage, et l'indemnité que proposait Tibérius Gracchus aux détenteurs de l'ager, ne s'étendait pas seulement, comme on le voit, au montant des améliorations, elle s'élevait jusqu'à la valeur absolue des terres possédées.

Il paraît, d'après Appien, que l'indemnité aurait consisté en une concession à chaque détenteur de la possession définitive des cinq cents jugères, et de la moitié de cette contenance pour chacun de ses enfants, μισθον αμα της πεπονεμενες εργασιας αυταρκη φερομενουσ, την εξαιρετον ανον τιμης κτησιν εσαιει βεβαιον, πενταχοδιων πλεθρων, και παισιν, οις εισι παιδες, εκασθω, και τουτων τα ημισεα[2].

Plutarque et Appien peuvent bien, comme on le voit, n'être pas d'accord sur la nature et le mode de l'indemnité ; mais ils sont tous deux d'accord sur le principe, et c'est là le point important[3].

Ainsi modérées et adoucies, les lois agraires n'avaient rien de révolutionnaire, et ne devaient plus rencontrer aucune objection légitime. Il ne fallut rien moins que l'avarice et l'injuste ténacité des patriciens pour s'opposer à ces rogations, qui firent couler pour la première fois le sang sur le forum romain.

Je n'ai envisagé les lois agraires qu'au point de vue juridique. Si je les étudiais au point de vue de l'économie politique, je ne pourrais m'empêcher de reconnaître la prudence et la sagesse dont elles étaient empreintes. Une distribution plus équitable des terres du domaine public aurait, en effet, appelé un plus

[1] Il est bien entendu que Tibérius Gracchus respectait aussi dans ses lois toutes les propriétés privées. (Tite-Live, Epitome du liv. 58, édit. Drakenborg, citée par M. Giraud, *Recherches sur le droit de propriété*, note 2 de la pag. 179.)

[2] *De bell. civil.*, I, édit. de 1670, t. II, p. 609.

[3] M. Michelet estime que les deux indemnités dont parlent Plutarque et Appien devaient se cumuler ; mais je crois qu'il y a en cela de l'exagération. (*Hist. de la républ. rom.*, t. II, p. 164.)

grand nombre de citoyens à l'exercice de leurs droits politiques, fortifié la classe moyenne, et constitué une meilleure pondération entre les divers ordres de l'Etat ; elle aurait recruté la population libre, remis en honneur l'agriculture qui languissait, depuis qu'elle était confiée à des mains serviles ; en faisant de bons laboureurs, elle aurait créé une pépinière de bons soldats, elle aurait dégagé Rome du trop-plein d'une population oisive et affamée, toujours remuante, toujours prête à fomenter des séditions [1] ; enfin, elle aurait empêché ces immenses agglomérations d'héritages, ces *latifundia*, qui, au jugemen de Pline l'Ancien, devaient perdre l'Italie et les provinces [2].

Je sais bien que la plupart des historiens ont jugé autrement les lois agraires; que Tite-Live [3], par exemple, Tacite [4], Florus [5], Velleius Paterculus [6] les ont directement ou indirectement blâmées; mais l'opinion de la plupart de ces écrivains ne s'était-elle pas formée sous l'influence visible des idées aristocratiques? Polybe a aussi improuvé ces lois [7]. Mais l'historien grec, qui fut l'ami et le commensal des Scipion, était-il bien dans des conditions d'impartialité propres à nous faire accepter son jugement?

XIX. Après avoir ainsi successivement apprécié et les *novæ tabulæ* et les lois agraires, j'ai hâte d'arriver à l'indication des atteintes qui furent portées au droit de propriété par des lois d'un genre tout différent de celles dont je viens de parler, et

[1] On voit dans Cicéron, *De lege agraria*, II, 26, *in fine*, que les tribuns eux-mêmes reconnaissaient le grave danger attaché à l'influence d'une trop grande concentration de la multitude dans le sein de la capitale : *Urbanam plebem nimium in republica posse*, EXHAURIENDAM *esse*. C'était le langage du tribun Rullus, et ce langage, il le tenait en présence du sénat.

[2] *Hist. natural.*, XVIII, 7.

[3] II, 41; IV, 51.

[4] *Annal*, III, 27.

[5] III, 13.

[6] II, 6.

[7] II, 21.

qu'on a appelées quelquefois lois agraires *improprement dites*; elles sont de deux sortes :

Les unes dérivent des confiscations opérées par suite des proscriptions, dans le cours des guerres civiles qui commencent à la mort des Gracques, et ne s'éteignent qu'à l'avénement d'Auguste.

Les autres consistent dans les distributions de terres, que firent Sylla, César, Marc-Antoine et Octave, aux vétérans qui faisaient partie de leurs légions.

XX. Il n'est personne qui ne soit édifié sur les proscriptions sanglantes et les confiscations qui eurent lieu du temps de Marius et de Sylla. Parlant de ce qui se passa sous Marius, Appien constate que parmi les citoyens, les uns étaient expulsés de leurs maisons, les autres dépouillés de leurs biens, καί εξέλασις ετερων, καί δημευσις περιουσίας [1]. Florus, de son côté, peint à grands traits, selon son usage, le farouche représentant de la démocratie, animé, à son retour d'Afrique, d'une haine égale contre les dieux et contre les hommes, ne se contentant pas de sévir contre les particuliers, faisant sa proie des villes qui lui avaient déplu, exerçant ses premières fureurs sur Ostie, la privilégiée et la nourrice de Rome [2] : que serait-il arrivé, s'écrie l'écrivain, si ce barbare eût achevé son année consulaire?

Les représailles qu'exerça Sylla, au nom de la noblesse, furent plus horribles encore; elles n'eurent le plus souvent d'autre but que la spoliation des victimes. Sous la dictature de Sylla, *c'étaient les biens qui faisaient tuer les riches*, a dit Plutarque, et il rapporte à cet égard l'exemple de ce citoyen d'Albe, qui s'approchant de la liste fatale et y voyant son nom inscrit, bien qu'il n'appartînt à aucun parti, s'écria aussitôt : *Ah! malheureux! c'est ma maison d'Albe qui m'a perdu* [3]. Le dictateur proscrivit d'un seul coup quarante sénateurs et seize cents chevaliers romains [4].

[1] *De Bell. civil.*, I, p. 663.
[2] III, 21.
[3] *In Sylla*, VII.
[4] Appien, *De bell. civil.*, II.

Les propriétaires étaient quelquefois dépouillés sans aucune condamnation préalable [1]. Les biens des absents n'étaient pas épargnés, car Cornélius Népos, dans son récit de la vie d'Atticus, raconte que celui-ci ayant fait un voyage à Athènes, emporta avec lui une bonne partie de sa fortune, pour la soustraire à la convoitise des hommes du jour [2]. Cicéron atteste que l'auteur de ces confiscations odieuses mettait à l'encan les dépouilles des victimes, ou en faisait des largesses aux satellites les plus dévoués au parti qui venait de triompher [3].

Les proscriptions qu'exécutèrent les triumvirs Marc-Antoine, Octave et Lépide, ne le cédèrent en rien à celles de Sylla. Appien raconte, entre autres choses, que quatorze cents dames romaines des plus riches, αι μαλιστα πλουτω διεφερον, furent inscrites en un jour sur les tables de proscription, parce que ceux-ci avaient besoin de leur fortune pour soutenir les dépenses de la guerre civile [4]. Je m'en tiens à ce seul épisode d'un drame lugubre, qu'on ne peut lire en entier sans éprouver un long et douloureux frémissement.

XXI. Sylla, voulant récompenser ses soldats, distribua à vingt-trois légions selon les uns, à quarante-sept, selon les autres, une grande partie du territoire de l'Italie ; des villes entières furent condamnées, détruites, vendues et assignées aux vétérans. Spolète, Interamne, Præneste, Florence, Sulmone subirent ce malheureux sort [5]. Dans le Samnium, dans l'Étrurie, dans une grande partie du Latium, les propriétaires légitimes furent arrachés à leurs héritages ; on vit les limites anciennes renversées, la cendre des tombeaux que les possesseurs y avaient construits dispersée et jetée au vent ; il s'ensuivit des malheurs inouïs et une perturbation des plus profondes.

[1] Cicéron, *De leg. agrar.*, II, 21.

[2] *Attic.*, II.

[3] *De leg. agrar.*, II, 21, et III, 3. Voyez aussi *De officiis*, II, 8.

[4] *De bell. civil.*, ibid.

[5] *Florus*, III, 21.

César fonda, pendant sa dictature, plusieurs colonies militaires. Les assignations de terres qui en furent la conséquence révolutionnèrent un grand nombre de possessions. Il n'établit pas moins de vingt mille légionnaires [1]. Marc-Antoine marcha sur ses traces [2]; enfin Octave, après avoir détruit à la bataille de Philippes le parti de Brutus et de Cassius, donna pour récompense aux vétérans qui avaient servi dans cette guerre les biens de ceux qui avaient embrassé le parti contraire. Dix-huit villes des plus florissantes se trouvèrent frappées et dépecées en lambeaux [3]. L'infortunée Crémone fut du nombre, et comme son territoire ne suffira pas, on y ajoutera celui de Mantoue, de Mantoue dont le seul crime est d'être trop voisine de la première,

> Mantua væ miseræ nimium vicina Cremonæ!

Virgile, à qui j'emprunte ce vers [4], a célébré dans sa première églogue, sous le nom allégorique de deux bergers, les malheurs des propriétaires brutalement expulsés des lieux qui les avaient vus naître, condamnés à toutes les rigueurs de l'exil, auxquels un soldat barbare a notifié cette terrible sentence : *Hæc mea sunt; veteres migrate coloni* [5]. Qui ne connaît ces vers touchants :

> At nos hinc alii sitientes ibimus Afros,
> . . . .
> Impius hæc tam culta novalia miles habebit,
> Barbarus has segetes!.... [6].

Il a chanté en même temps le bonheur inespéré de ceux qui durent à une faveur particulière du prince de conserver le champ paternel.

> Fortunate senex! ergo tua rura manebunt [7].

[1] Appien, *De bell. civil*, II, 94, 119; Suétone, *Jul. Cæsar*, XX, 38.
[2] Cicéron, *Philippiq.*, V, 2 et 3.
[3] Dion Cassius, XLVI; Suétone, *in August.*, X.
[4] Eglogue IX.
[5] *Ibid.*
[6] Eglogue I.
[7] *Ibid.*

Quel tableau à tracer que celui de ces soldats mercenaires, indisciplinés, insatiables, composés en grande partie d'étrangers, ne combattant pour aucun principe, dissonants entre eux de mœurs et de langage, et n'ayant d'autre point de cohésion que l'intérêt, s'attachant au chef de parti qui leur promettait les plus larges rémunérations, traitant l'Italie en pays vaincu et fondant ainsi, au milieu des troubles civils, cette oligarchie militaire, devant laquelle tout devait s'incliner, lois, institutions politiques, indépendance des citoyens, propriétés publiques et privées, choses profanes et sacrées! Ce ne sont pas des couronnes de chêne ou de gazon qu'il leur faut; ce qu'il leur faut, c'est de l'argent, des terres, du butin, et ce butin n'est autre chose que la possession de ce que les cités les plus florissantes et les fortunes individuelles ont de plus précieux. Ne peut-on pas dire d'eux ce que Tacite dira bientôt des Vitelliens, *in omne fas nefasque avidi, aut venales, non sacro, non profano abstinebant*[1]?

XXII. Est-il besoin que j'apprécie ces larges et flagrantes violations du droit de propriété? N'est-il pas évident qu'elles n'étaient qu'un abus déplorable du droit du plus fort, qu'une extension inique et déloyale, aux suites des guerres civiles[2], des principes que Rome pratiquait souvent à l'égard des étrangers vaincus[3]?

Ce que je tiens à constater, c'est que les Romains eux-mêmes flétrissaient aussi énergiquement que je pourrais le faire ces infâmes spoliations.

En effet, pour ce qui est des biens confisqués par Sylla, il fut un moment où personne n'osait ni les donner, ni les demander, malgré le bouleversement qui existait dans l'Etat. Velleius Paterculus l'atteste en ces termes: *Omnia erant præcipitia in republica, nec tamen adhuc quisquam inveniebatur qui bona civis*

[1] *Histor.*, II, 55.

[2] *Vide* en ce sens Salluste, *Epistol.*, I, 4; Cicéron, *De leg. agrar.*, II, 21, et *De offic.*, II, 8. — Sylla, dicebat se PRÆDAM suam vendere. (Cicéron, *ibid.*)

[3] Maximè sua esse credebant quæ ex hostibus cepissent. (Gaius, IV, 16.)

romani aut donare auderet, aut petere sustineret[1]. Et lorsque la cupidité se fut enhardie, la conscience publique poursuivit de sa réprobation tous ceux qui, ne voyant plus de honte où était le profit, acceptèrent les libéralité du dictateur, ou achetèrent des biens de cette nature aux enchères.

Parcourez les trois discours prononcés par Cicéron contre les lois agraires présentées par Rullus, et vous y trouverez à chaque instant des traces du discrédit profond qui pesait sur ces biens.

L'orateur montre leurs détenteurs frémissant nuit et jour, au seul mot d'un tribun, tremblant au premier bruit d'une loi agraire, tourmentés constamment de la crainte d'être évincés, poursuivis sans cesse par l'image sanglante du propriétaire légitime, cherchant des acheteurs et n'en trouvant à aucun prix, décidés à les abandonner, s'ils ne peuvent s'en défaire utilement. « Les terres qui viennent de Sylla, dit-il, excitent tellement « l'indignation, qu'au premier mouvement d'un tribun loyal et « ferme, on s'empressera d'y renoncer. Quelque peu d'argent « que vous en donniez, elles seront trop payées. » *Sullanus ager tantam habet invidiam, ut veri ac fortis tribuni plebis stridorem unum perferre non possit. Hic ager, quoquo pretio coemptus erit, tamen ingenti pecuniâ à vobis inducetur*[2].

Cette répulsion de l'opinion publique et de la conscience nationale à l'égard des biens mal acquis n'avait pas attendu la mort de Sylla pour faire explosion. Ainsi, en 675, le consul Lépidus déclarait, dans une réunion nombreuse, qu'il était prêt à abandonner la partie de son patrimoine qui dérivait de cette origine impure. Voici, en effet, le langage que Salluste met dans sa bouche : « At objectat mihi (Sulla) possessiones ex bo- « nis proscriptorum : quod quidem scelerum illius vel maximum « est, non me, neque quemquam omnium satis tutum fuisse, « si recte faceremus. Atque illa, quæ tum fortitudine mercatus

[1] Liv. II, 22.

[2] *De leg. agrar.*, II, 26, *in fine*.

« sum, pretio soluto, jure dominis tamen restituo ; neque pati « consilium est ullam ex civibus prædam esse [1]. »

Faut-il donc s'étonner si, dans la vie d'Atticus que j'ai déjà mentionnée, Cornélius Népos fait un titre d'honneur à cet honnête citoyen de n'avoir jamais acheté des biens vendus sous la protection d'une pique que Cicéron nous représente toujours dégouttante de sang [2]?

Lorsque Sylla aura abdiqué, ou sera mort, les enfants des proscrits demanderont la cassation des actes faits par le dictateur ; ils demanderont à rentrer dans les biens et les dignités de leurs auteurs; mais Cicéron, bien qu'il stigmatisât comme on l'a vu les spoliations de Sylla, s'opposera vivement à cette réhabilitation. Dans un fragment du discours qu'il prononça à ce sujet, pendant son consulat, fragment qui nous a été conservé par Quintilien [3], il déclarera, que si les lois de Sylla sont renversées, la république ne peut plus se soutenir, *ita legibus Syllæ continetur status civitatis, ut, his solutis, stare ipsa non possit.* Dans son deuxième discours contre la loi agraire, il disait encore : *Neque vero illa popularia sunt existimanda, judiciorum perturbationes, rerum judicatarum infirmationes, restitutio damnatorum : quæ civitatum afflictarum, perditis jam rebus, extremi exitiorum solent esse exitus* [4]. Cette opinion de Ciceron fut sanctionnée ; la demande des enfants des proscrits ne fut pas admise. César les réintégra plus tard dans le droit de dignité. Mais l'historien qui rapporte ce fait ne dit pas qu'ils fussent restitués dans leurs biens.

Ces contradictions apparentes s'expliquent par le respect que les Romains avaient pour le droit de propriété. Les spoliations de Sylla n'avaient sans doute inspiré, comme on le sait, que de l'horreur ; mais le peuple ayant ratifié par une loi les actes

[1] Frag.—M. Emil. Lepid. consul., *Orat.*, liv. I, 5.

[2] Attic., VI ; Cicéron, *De officiis*, II, 8. *De leg. agrar.* II, 21. Il dit : Hasta cruenta.... sceleratior hasta.... funesta auctio.....

[3] *Institut. orator.*, XI.

[4] II, 4.

du dictateur[1]; les détenteurs des biens confisqués eurent un titre juridique, détestable il est vrai, mais rigoureusement irrévocable. Le briser, c'était tout détruire, tout bouleverser; c'était ruiner la république. Ainsi, et la défaveur imprimée à la propriété des biens confisqués, et le maintien de cette propriété, concourent pour donner une idée pleine et entière du respect des Romains pour les droits acquis; ces deux choses ne s'excluent pas; elles se fortifient au contraire, et viennent toutes deux à l'appui du principe. Ce respect est d'autant plus remarquable, qu'il éclate dans toute sa force à une époque des plus malheureuses, dans des temps où toutes les croyances avaient fléchi, où la rapidité des événements, le tumulte des armes, et l'instabilité des fortunes politiques avaient semé partout le doute et la désaffection. Un seul principe surnage aux yeux du peuple romain, dans ce grand naufrage des idées et des institutions; c'est le principe de la propriété privée!!!

Si la possession des biens confisqués par Sylla était odieuse, on ne nourrissait pas d'autres sentiments par rapport aux biens confisqués par les triumvirs. Ceux-ci, pour légitimer autant que possible les titres des nouveaux propriétaires, s'adressèrent au jurisconsulte Cascellius Aulus, et lui demandèrent des formules. Mais Cascellius refusa formellement son concours, au péril de sa vie. Valère Maxime nous a transmis cette noble protestation du droit contre la violence, cet acte de courage civique digne des plus grands éloges : *A. Cascellius, vir juris civilis scientia clarus, quam periculose contumax! Nullius enim aut gratia, aut auctoritate compelli potuit, ut de aliqua earum rerum quas triumviri dederant, formulam componeret; hoc animi judicio victoriæ eorum beneficia extra omnem ordinem legum ponens*[2].

Enfin Tacite certifie qu'après la mort d'Octave, ses lois agraires n'avaient pas été approuvées, même de la part de ceux qui les

[1] Cicéron, *De leg. agrar.*, III, 2. Il qualifie cette loi de *Lex invidiosa; non hominis lex, sed temporis.*

[2] Liv. VI, c. II, 12.

avaient provoquées ou exécutées, *divisiones agrorum, ne ipsis quidem qui fecere, laudatas*[1]. Etait-il possible de décerner au droit de propriété des hommages plus nombreux et plus énergiques que ceux que je viens d'exposer ?

XXIII. Un dernier aperçu me paraît devoir terminer ce que j'avais à dire pour l'étude de la période républicaine. Il contrastera avec les sombres tableaux qui viennent de passer sous nos yeux.

Dans les derniers temps de cette période, sous l'influence des doctrines du stoïcisme qui, venues de la Grèce, s'étaient rapidement implantées sur le sol romain, les théories du droit de propriété se produisirent sous un jour nouveau. La propriété n'avait été considérée jusqu'alors que comme une institution nationale. Elle apparaît désormais comme une institution de droit naturel, accessible à tous les hommes, qui avaient tous un droit égal à ses bienfaits.

La philosophie du Portique proclamait en effet la fraternité des hommes, et le droit égal de tous aux biens de la terre. Cicéron s'était fait, à Rome, l'apôtre de cette doctrine. Son âme, si généreuse et si humanitaire, en avait compris toute la grandeur et toutes les beautés. Il la préconise ouvertement dans divers fragments de ses traités *de Republicâ*[2], *de Finibus boni et mali*[3], et *de Officiis*[4]. Mais ces idées nouvelles ne portèrent aucune atteinte au droit de propriété privée que Cicéron lui-même a, comme je l'ai déjà dit, si éloquemment défendu dans le dernier traité que je viens d'indiquer. Ce point de vue nouveau amènera bientôt le dédoublement du domaine romain ou quiritaire. On distinguera le domaine quiritaire du domaine naturel, *in bonis habere,* pour me servir de l'expression des jurisconsultes[5]; et au moyen de ce partage ou de ce

[1] *Annal.*, I, 10.

[2] I, 17.

[3] III, 20.

[4] I, 7.

[5] Gaius, II, 40.

dédoublement, le cercle de ceux qui pouvaient prétendre à la propriété s'agrandira. Mais si l'aptitude à devenir propriétaire compte désormais un plus grand nombre de personnes, les droits acquis n'en seront pas moins conservés.

XXIV. En résumé, si sous la monarchie, le droit de propriété, ou le droit dérivant des obligations, sont restés vierges de toute atteinte, il n'en a pas été de même sous la république, par suite des *novæ tabulæ*, et des lois agraires improprement dites, c'est-à-dire des confiscations, et des distributions de terres des particuliers ou des cités faites en faveur des vétérans. Toutefois, l'atteinte au droit des obligations n'avait pas offert un caractère de gravité égal à celui de la violation du droit de propriété, les choses incorporelles étant classées chez les Romains au nombre des *res nec mancipi* [1].

III. Période impériale.

XXV. Après avoir étudié ce qui s'est passé à Rome sous la monarchie et sous la république, j'arrive aux faits accomplis sous l'empire.

Pendant le cours de cette troisième période, point de lois agraires, à moins qu'on ne veuille donner cette qualification à la mesure par laquelle Vespasien récompensa ses soldats par certaines distributions de terre dans le Samnium [2]; point de *novæ tabulæ*. Dans quelques cas particuliers, on vit bien le prince accorder à un débiteur un délai modéré qui ne s'étendait jamais au delà de cinq ans; mais il est sans exemple que les empereurs aient décrété, d'une manière collective ou individuelle, l'abolition ou la réduction des dettes. C'est ce que Cujas constatait dans les termes suivants : « *Impetratur quidem* « *hoc sæpe, ne quis conveniatur a suis creditoribus intra quin-* « *quennium; sed ut omnino absolvatur hoc neque statuit prin-*

[1] Gaius, II, 17.
[2] *Vid.* Nieburh., *Hist. rom.*, III, p. 203.

« *ceps, unquam, neque statuere potest*[1]. » Mais des atteintes d'un autre genre n'en furent pas moins apportées, sous l'empire, au droit de propriété privée. Je distinguerai à cet égard ce qui a eu lieu sous les empereurs païens, de ce qui s'est réalisé sous les empereurs chrétiens, depuis Constantin, jusqu'à Justinien.

XXVI. Sous le règne des empereurs païens, le mouvement scientifique se développe dans ses proportions les plus larges. Cette époque vit fleurir les plus grands jurisconsultes de Rome. Pour eux le droit civil tout entier se réduisait à ces trois choses : acquérir, conserver, perdre ou aliéner : *Totum autem jus*, dit Ulpien, *consistit, aut in acquirendo, aut in conservando, aut in minuendo. Aut enim hoc agitur quemadmodum quid cujusque fiat, aut quemadmodum quis rem vel jus suum conservet, aut quomodo alienet, aut amittat*[2]. Aussi, dans leurs travaux devenus classiques, exposent-ils, avec un luxe de doctrine qui fait encore notre admiration, les divers attributs inhérents à la propriété, en déterminant les diverses réparations, restitutions et indemnités dues à celui dont le patrimoine serait injustement diminué. Théories savantes sur les moyens accordés au propriétaire, à l'effet de faire reconnaître son droit, sur la manière de le ressaisir, sur les dommages et intérêts ; doctrines complètes sur les condamnations à titre de peine, qui s'élèvent tantôt au double, tantôt au triple, tantôt au quadruple ; énumération des actions multiples dont sont tenus les auteurs de certains délits privés ; études sur les actions dites populaires, ou les *judicia publica*, c'est-à-dire sur les crimes et délits publics attentatoires à la propriété, tout s'y trouve largement établi, discuté, approfondi[3].

Quand on abstrait par la pensée cet immense faisceau de textes, de lois, d'édits prétoriens, de monuments de la science, on re-

[1] Tome VII, col. 814.

[2] Frag. 41, *De legib., senatusconsult.*, etc.

[3] *Vide* M. Pellat, *Du droit de propriété chez les Romains*, passim ; Zimmer, *Traité des actions*, passim.

connaît bientôt que le principe de la propriété est toujours l'âme de la société romaine, le centre d'où partent tous ses rayons et où tous viennent aboutir, l'axe sur lequel tout repose. Supprimez ce principe, renversez ce centre, touchez à cet axe, et le droit romain tombe et s'éclipse tout entier; aussi Cicéron a été autorisé à dire, à la fin de la période précédente, que le droit civil n'était autre chose que l'équité constituée, à l'effet de garantir à chaque citoyen la possession de son patrimoine : *Jus civile, æquitas constituta, iis qui ejusdem civitatis sunt, ad res suas obtinendas*[1].

Il semble même, pour exprimer toute ma pensée, que les jurisconsultes ou les auteurs du droit étendirent trop loin leurs sollicitudes pour la propriété privée.

En effet, sans rappeler ici les dispositions si sévères et si exorbitantes contre le vol, la rigueur excessive avec laquelle on avait sévi contre ceux qui déplaçaient les bornes[2], n'est-il pas certain que les conséquences attachées aux dénégations mensongères d'un plaideur étaient beaucoup trop graves[3]? Et le droit de l'industrie mis en rapport avec les droits de la matière première, quelles difficultés n'a-t-il pas éprouvées pour se faire jour, pour obtenir à côté de la propriété une place digne de lui[4]?

Quoi qu'il en soit, pour résumer ce grand et harmonieux ensemble, les jurisconsultes mirent en relief les maximes fondamentales qui devaient planer sur toute la jurisprudence. Papinien enseigne que nul ne peut porter impunément préjudice à autrui, qu'il ne peut, par son fait ou par sa volonté, aggraver la condition d'un autre : « *Non debet alteri per alterum iniqua con-* « *ditio inferri. — Nemo potest mutare consilium in alterius inju-* « *riam* »[5]. Paul consacre l'inviolabilité du domicile de chaque ci- « toyen : *Nemo de domo suâ extrahi debet*[6]. » Pomponius professe

[1] *Topiq.* II.
[2] *Vide supra*, p. 60 et 61.
[3] Gaius, IV, 9; Paul, *Sentent.*, I, 19.
[4] Gaius, II, 77 et suiv.
[5] Frag. 74 et 75, *De divers. reg. jur. antiq.*
[6] Frag. 103, *ib.*

qu'il est défendu par le droit de nature de s'enrichir au détriment d'autrui : « *Jure naturæ æquum est neminem cum alterius detrimento et injuriâ fieri locupletiorem* [1]. » Ulpien, s'élevant aux notions les plus sublimes de la doctrine du Portique, résume tous les préceptes du droit de la manière suivante : « *Juris præcepta* « *sunt hæc : honestè vivere, neminem lædere, jus suum cuique tri-* « *buere* [2].

Voilà bien la distinction du mien et du tien, inspirant et dominant tout le droit civil, puisant une force nouvelle dans l'alliance étroite que ce droit avait faite avec la morale, avec la philosophie avec tous les éléments du droit de nature.

XXVII. Le caractère religieux que nous avons vu primitivement attaché au droit de propriété s'est considérablement affaibli. La plupart des jurisconsultes, observant maintenant le mouvement social par delà les horizons romains, font dériver ce droit d'une occupation primordiale reconnue et acceptée par le droit des gens, dont les traces se sont conservées à travers les textes qui autorisent encore l'acquisition de la propriété des *res nullius humani juris*, au moyen de la simple occupation [3]. Néanmoins, la pénalité prononcée par Numa, contre ceux qui détruisaient les bornes séparatives des héritages, tombée en désuétude ou notablement modifiée sous la république, est remise en vigueur dans certains cas [4]. Aussi Juvénal se croit-il encore autorisé à qualifier de pierre consacrée celle qui est destinée à établir les limites entre voisins :

Aut SACRUM *effodit medio de limite saxum* [5]. »

[1] Frag. 206, *De divers. reg. jur. antiq.*

[2] Frag. 10, *De just. et jure.*

[3] Paul, fragm. 1er, § 1, *De acquirend. vel amitt. possess.*—Hermogénien, frag. 5, *De just. et jur.* — *Vide* sur ces deux fragments les explications de Cujas et le commentaire de Doneau, t. Ier, p. 310 et suiv.

[4] *Vide* le titre des Pandectes, *De termin. mot.*

[5] *Satire* XVI, vers 39.

XXVIII. Pour ce qui est de l'importance politique attachée à la ortune, elle a, de son côté, visiblement déchu, puisque, depuis Tibère, le peuple a cessé de se réunir en assemblée de comices pour voter des lois[1], le pouvoir législatif étant désormais concentré dans les mains du prince et du sénat. Toutefois, le cens conserve encore de précieuses prérogatives, puisqu'il est indispensable à ceux qui veulent faire partie du sénat ou de l'ordre des chevaliers[2]. Comment donc le droit de propriété privée, qui a poussé de si profondes racines dans les mœurs et dans les institutions d'un peuple dont l'avarice était maintenant devenue proverbiale, a-t-il pu éprouver encore de nouvelles lésions? Il sera facile de l'expliquer par la simple indication du caractère de ces diverses lésions.

Auguste donna le premier le signal. Jaloux de reviser tous les principes du droit civil en matière d'affranchissement des esclaves, après avoir, par une première loi, connue sous le nom d'*Ælia Sentia*, apporté des entraves multiples aux affranchissements par actes entre-vifs[3], il étendit la même réforme aux affranchissements par acte de dernière volonté, et la loi *Fusia Caninia* vint fixer le nombre proportionnel des esclaves au delà duquel la liberté ne pouvait être valablement conférée par testament[4]. Cette mesure, appréciée au point de vue purement politique, était évidemment conforme à l'intérêt général, puisqu'elle avait pour but de diminuer ces affranchissements immodérés qui avaient inondé la cité de membres indignes de ce titre. Après lui, Antonin le Pieux, s'inspirant des plus généreux sentiments, vint mettre un frein aux actes de cruauté dont des maîtres inhumains se rendaient plus d'une fois coupables vis-à-vis de leurs

[1] Tacite, *Annal.*, I, 15.

[2] *Vide* Pline le Jeune, *Epîtres*, liv. I, 19; Juvénal, *Satire* XVI, vers. 325 et suiv., et le *Commentaire* de Ruperti; Martial, *Epigramm.*, liv. V, 26 et 39; et M. Giraud, *Recherches sur le droit de propriété, de l'influence de la fortune sur la capacité politique*, 322 et suiv.

[3] Gaius, I, 13 et suiv.

[4] Gaius, I, 42 et suiv.; Ulpien, frag. I, 24.

esclaves. Il décréta contre eux des peines sévères, et les contraignit à aliéner ceux de leurs esclaves qui, par suite des mauvais traitements qu'ils auraient subis, seraient fondés à trouver leur joug insupportable [1].

Mais dans son rescrit, dont Ulpien nous a conservé le texte [2], le prince, pour qu'on ne doute pas de son respect pour le droit de propriété, commence par le reconnaître de la manière la plus explicite : « Dominorum quidem potestatem in suos servos illi- « batam esse oportet, *nec cuiquam hominum jus suum detrahi* » ; et il explique que la plupart des dispositions qu'il vient de sanctionner sont dans l'intérêt des maîtres eux-mêmes : *sed dominorum interest*, etc.

Les jurisconsultes approuvèrent cette restriction du droit de propriété, mais par cette seule raison qu'elle est dans l'intérêt des maîtres : « *Male enim jure nostro uti non debemus* [3]. » Ils rappeleront à cet égard l'exemple de l'interdiction des prodigues, exemple fort remarquable, puisqu'on voit, d'après la formule prononçant l'interdiction, que cette mesure est ordonnée principalement en faveur du prodigue : *Quando* TIBI *bona paterna avitaque nequitia tua disperdis,* etc. [4]. Enfin Dioclétien et Maximilien déclarent qu'il est hors de doute que les pères ne peuvent livrer leurs enfants ni en vente, ni en donation, ni en gage [5].

Cette déclaration de principes était des plus légitimes, puisqu'elle intéressait directement la liberté et la dignité humaine. Si nous n'avions à enregistrer que des actes de cette nature, nous n'aurions évidemment que des éloges à donner à tous ceux qui apportèrent de justes tempéraments à des droits trop étendus, tempéraments dont quelques-uns mettent si bien en lumière les instincts protecteurs de la propriété [6] ; mais le tableau qui

[1] Gaius, I, 53.

[2] Frag. II, *De his qui sui vel alien. juris sunt.*

[3] Gaius, I, 53, *ibid.*

[4] Paul, *Sentences*, liv. III, tit. IV, § 7.

[5] Constitut., I, Cod. *De patrib. qui filios distrax.*

[6] Parmi les restrictions légitimes apportées au droit de propriété, je n'ai

va se dérouler offrira un caractère tout à fait différent.

Personne n'ignore que le pouvoir déféré aux empereurs romains par la loi *Regia* fut un pouvoir absolu : *Quod principi placuit, legis habet rigorem*[1]. Il n'était tempéré par aucune sorte de contre-poids. Où donc les empereurs pouvaient-ils rencontrer quelque résistance? Dans le sénat? il était avili et dégradé. Dans les plébéiens? ces hommes, autrefois si remuants, si agités, si inconstants, ne demandent plus que du pain et des jeux. Dans la classe moyenne? les guerres civiles l'avaient décimée; saturée de troubles et de déchirements, elle était heureuse d'échanger son indépendance contre son repos.

L'absolutisme n'enlevait sans doute à la propriété privée aucun caractère de son inviolabilité. Le prince ne pouvait avoir sur les fortunes des particuliers, qu'un pouvoir que les Romains appelaient *principis imperium;* mais ce pouvoir, ce droit de souveraineté, ce domaine, que les modernes ont appelé domaine *éminent* ou de suzeraineté, ne détruisait en rien le droit de propriété privée. Sénèque formulait ces principes de la manière la plus nette, lorsque dans son traité *De Beneficiis,* il disait : « Sub optimo rege omnia rex imperio possidet, *singuli dominio*[2]. » L'exactitude de cette distinction fondamentale était évidente[3], personne ne le contestait; mais, en fait, combien de fois les empereurs romains, donnant à leur autorité une extension sans mesure, emportés tantôt par leurs besoins réels ou par de prétendues nécessités politiques, tantôt par leur perversité naturelle, toujours excités par l'adulation la plus servile, se divinisant eux-mêmes et se déclarant les maîtres du monde[4], n'ont-ils pas foulé

entendu mentionner que les plus saillantes. Il en est encore plusieurs autres, comme, par exemple, celles dont parle le frag. XIV, § I, *Quemad. servitut. amitt.*, et 52, *De contrah. emption. et vendit.*

[1] *Instit.*, I, 2, § 6.

[2] Liv., VII, 5.

[3] *Vide* Cujas, t. II, col. 71, et III, col. 450.

[4] Dans sa réponse aux naufragés qui se plaignaient d'avoir été pillés par des publicains des îles Cyclades, Antonin (Caracalla?), disait : *Ego quidem, mundi* DOMINUS, lex autem maris. (Frag. IX, *De lege Rhod. de jact.*)

aux pieds le droit de propriété privée ! Écoutez les récits de Suétone : Tibère prélude en obligeant les capitalistes à mettre en fonds de terre les deux tiers de leur argent. Bientôt après, la disette du numéraire s'étant fait sentir, il contraignit les débiteurs à se libérer sur-le-champ. Sa cupidité ne devait pas tarder à se faire jour, et il va jusqu'à la rapine. Il ne recule devant aucune espèce de spoliation. Un jour, il confisque les biens des principaux citoyens de l'Espagne, de la Syrie, de la Grèce ; le lendemain, il fait main basse sur d'anciennes immunités, telles que des droits d'exploitation de mines, des droits de péage ; le patrimoine des cités n'est pas plus respecté que le patrimoine des individus [1]. Il paraît que sa plus riche dépouille fut celle de Sextus Marius, propriétaire de mines d'or en Espagne. Il le fit précipiter comme coupable d'inceste avec sa fille ; mais Tacite atteste que ses immenses richesses furent l'unique motif de sa condamnation [2].

Caligula, après avoir mis à sec les coffres du Trésor, se livre à toutes sortes de vols et d'exactions. Il annule des titres émanés de Jules-César et d'Auguste, rescinde et casse des testaments pour s'approprier les successions de leurs auteurs, sur la simple déclaration émanée de la première personne venue, que le testateur avait manifesté l'intention d'avoir le prince pour héritier. Il met la justice à l'encan, et ouvre lui-même des enchères publiques, où il force les citoyens à acheter pour des prix exorbitants [3].

Claude confisque d'un seul coup tous les biens des affranchis qui se faisaient passer pour chevaliers romains [4]. Néron avait compté, pour faire face aux dépenses excessives qu'il avait faites, sur des trésors qu'on lui avait dit être cachés dans des grottes situées en Afrique. Dès qu'il fut déçu de ses espérances à cet égard, il eut recours aux plus honteux expédients pour se

[1] *In Tiber.*, XLVIII, XLIX.

[2] *Annal.*, VI, 19.

[3] Suétone, *In Caligul.*, XXXVIII et XXXIX.

[4] Ibid., *In Claud.*, XXV.

procurer de l'argent. Il en était venu au point de ne conférer de charges à personne sans lui dire : « Vous savez ce dont j'ai besoin, et tâchons qu'il ne reste rien à qui que ce soit[1]. » Si Vespasien ne le fit pas oublier par ses convoitises, il se montra au moins son égal. C'est lui qui, élevant aux plus hautes dignités les agents les plus rapaces, disait s'en servir comme d'éponges; secs, il les trempait; humides, il les exprimait : « Pro spongiis « dicebatur uti, quod quasi et siccos madefaceret, et exprimeret « humentes[2]. »

Domitien les surpassa peut-être tous par le nombre et l'énormité de ses rapines. Quelle que fût l'accusation, quel que fût le prétendu crime, il s'emparait aussitôt de la fortune des vivants et des morts : « Bona vivorum ac mortuorum quolibet ac« cusatore et crimine corripiebantur[3]. » Un fragment de Dion Cassius prouve assez clairement qu'il se saisit, sans aucune forme de procès, des biens de tous ceux qui se livraient à l'exercice de la religion chrétienne[4].

Ce tableau a sans doute des proportions suffisantes. La politique a une part dans les confiscations dont il offre la série; mais, le plus souvent, les appétits matériels des princes ont seuls dominé.

Il n'y avait donc rien de sacré aux yeux des empereurs romains dans le principe protecteur de la fortune des particuliers. Quand l'existence de ceux-ci était à la merci d'un seul homme, leur patrimoine pouvait-il être mieux gardé ? Le temple de Saturne n'était donc, le plus souvent, pour me servir des expressions de Pline le Jeune, qu'un infâme réceptacle des dépouilles sanglantes des citoyens : « *Spoliarum civium, cruentarumque præ*« *darum sævum receptaculum*[5]. » Et à quel usage ces dépouilles étaient-elles destinées ? A part quelques libéralités qu'on pou-

[1] Suétone, *In Caligul.*, XXXI et XXXII.
[2] *In Vespasian.*, XVI.
[3] *In Domitian.*, II.
[4] Livre XLVIII.
[5] *Panégyrique de Trajan*, XXXVI.

vait avouer, et quelques dépenses utiles, elles étaient destinées à payer des travaux ou des constructions gigantesques, le plus souvent stériles pour l'Etat ; à récompenser des délateurs ; à rétablir la fortune d'affranchis ou de courtisans obérés par les désordres de la vie la plus licencieuse ; à solder le prix des plus infâmes débauches, des festins les plus somptueux ; à faire face aux dépenses des jeux du cirque, des combats de gladiateurs ou de bêtes féroces ; à enrichir des comédiens, des danseurs, des joueurs de flûte ; à gorger d'or des cohortes prétoriennes, qui vont bientôt disposer des destinées de l'empire et le mettre à l'encan. Elles servaient aussi à faire des largesses à un peuple abruti, largesses intéressées et aussi dégradantes pour la main qui les recevait que pour celle qui les donnait [1]. Voilà quel sera l'emploi du fruit de tant de vols et de rapines !!!

XXX. C'était un contraste, on en conviendra, bien frappant, que le soin avec lequel les jurisconsultes proclamaient l'inviolabilité du droit de propriété, et la facilité avec laquelle certains empereurs se faisaient un jeu de toutes les règles admises pour la conserver. Respectée de particulier à particulier, elle restait sans défense et sans garantie du côté des entreprises et des invasions qui venaient d'en haut. Dans un horizon donné, le droit était une vérité ; dans l'autre, il n'était plus qu'un mensonge. Juvénal était donc fondé à dire, par majorité de raison, dans la satire où il parle du célèbre turbot offert à Domitien, que le fisc avait la propriété de tout ce qui était susceptible d'occupation :

> Quidquid conspicuum pulchrumque est æquore toto,
> Res fisci est ubicumque natat... [2].

Son langage n'était pas moins exact lorsqu'il s'écriait, en présence des fortunes scandaleuses dont l'origine était néfaste :

> Criminibus debent hortos, prætoria, mensas,
> Argentum vetus et stantem extra pocula caprum [3].

[1] Suétone, Dion Cassius et Tacite, *Annales*, passim.

[2] Satire IV, vers 55 et 56.

[3] Satire I, vers 76 et 77.

XXXI. Hâtons-nous de constater pourtant que ce mépris des ois sociales n'avait lieu que sous les mauvais empereurs. Les bons princes, dont le règne vient de temps en temps nous consoler des vices et des crimes qui souillèrent la pourpre impériale, eurent à cœur de réparer les iniquités de leurs prédécesseurs, de faire refleurir la justice, de rétablir la sécurité publique. Ils comprenaient que le plus sûr moyen d'arriver à ce résultat, c'était de protéger le droit de propriété.

Dans ce nombre, il faut classer Titus, de qui Suétone fait cet éloge d'une grande valeur à cette époque, « qu'il n'enleva rien « à aucun citoyen, et s'abstint plus que personne du bien « d'autrui. » *Nulli civium quidquam ademit, abstinuit alieno ut si quis unquam* [1].

Le même éloge doit être décerné à Nerva, qui, selon le témoignage de Dion Cassius [2], restitua les biens à ceux à qui Domitien, son prédécesseur immédiat, les avait enlevés. Pline le Jeune a rendu immortel le souvenir du désintéressement de Trajan, de son amour pour la justice, de son respect pour les droits acquis. Il disait, dans le panégyrique de ce prince, en s'adressant à lui : « Ce que je loue le plus dans vos libéralités, c'est « qu'elles ne sont exercées qu'à vos dépens : vous ne nourrissez « point les enfants des Romains, comme les bêtes féroces nour- « rissent leurs petits, c'est-à-dire de sang et de carnage [3]. Chacun « reçoit avec d'autant plus de plaisir qu'il sait qu'on ne lui donne « pas la dépouille d'un autre, et que, lorsque tant de citoyens « s'enrichissent, le prince seul en est plus pauvre. — *Quocirca « nihil magis in tua liberalitate laudaverim, quam quod con- « giarium das de tuo, alimenta de tuo; neque à te liberi civium, « ut ferarum catuli, sanguine et cædibus nutriuntur; quodque*

[1] *In Tit.*, VII.

[2] Livre LXVIII, 1. Και ο Νερουας τουστε κρινομενους επ᾽ ασεβεια αφηκε, και τους φευγοντας κατηγαγε.

[3] Allusion sanglante aux déprédations commises par les mauvais empereurs.

« *gratissimum est accipientibus, sciunt dari sibi quod nemini est* « *ereptum*[1]. »

Cet éloge n'avait rien d'exagéré. La correspondance qui s'était établie entre le prince et son panégyriste pendant que celui-ci était gouverneur de la Bithynie, atteste la réserve de Trajan à l'endroit de tout ce qui pourrait gêner la liberté dont devaient jouir les citoyens par rapport à leurs intérêts matériels.

En voici un exemple saillant. Des deniers appartenant à des cités restaient oisifs ; l'intérêt légal étant de 12 pour 100, les emprunteurs ne se présentaient pas. Pline consultait l'empereur pour savoir s'il n'y avait pas lieu d'obliger les décurions à se charger de ces deniers ; mais celui-ci décida que cela ne se pouvait pas. « *Invitos ad accipiendum compellere, quod fortasse* « *ipsis otiosum futurum sit, non est ex hac justitia nostrorum* « *temporum*[2] » ; réponse pleine de délicatesse et qui témoigne hautement de la droiture des intentions du prince.

Ce que j'ai dit de Titus, de Nerva, de Trajan, je pourrais également le dire d'Antonin le Pieux, de Marc-Aurèle et de quelques autres.

Ainsi, dans cette première partie de la période impériale, un seul fait domine ; c'est l'abus du despotisme qui, sous les mauvais princes, fait table rase de toutes les garanties accordées au droit de propriété ; mais ce droit obtient de précieuses compensations. Il est noblement vengé par les actes tutélaires des bons princes, par le concours des juriconsultes et de tous les écrivains, c'est-à-dire, par les philosophes, par les poëtes, par les historiens. Sénèque se fait, comme on l'a vu, l'organe des premiers ; Juvénal s'est constitué l'interprète des seconds, soit dans les fragments déjà cités, soit dans la satire XIII, où, à l'occasion d'un dépôt violé, il s'élève avec sa vigueur ordinaire contre la fraude, contre

[1] XXVII. — Les fragments de ce panégyrique, relatifs à l'impôt du vingtième sur les successions, offrent, dans les circonstances actuelles, un intérêt tout particulier ; XXXVII et suiv.

[2] Pline, Epîtres, liv. X, 42, 43.

le mépris de la foi jurée, contre tous les actes qui blessent les lois sociales; enfin, au nom des troisièmes, Suétone, dans les extraits qui précèdent, a suffisamment témoigné des sentiments dont il était animé. N'oublions pas non plus Tacite, toujours si mâle quand il s'agit de flétrir les abus du pouvoir impérial, et qui donne une preuve bien ostensible de son respect pour la propriété lorsque, parlant des restitutions faites par Othon en faveur des personnes que Néron avait exilées et spoliées, et dont les biens avaient été dévolus au fisc, il dit que cette restitution était, *justissimum donum et in specie magnificum* [1]...

Il est beau de voir les plus beaux génies se grouper ainsi autour du principe de la propriété privée, dans des temps si difficiles pour elle, et répandre par leurs hommages et leurs regrets un baume salutaire sur les blessures qu'elle recevait.

Mais, chose bien plus digne d'être remarquée, ceux qui l'ont frappée, méconnue, foulée tant de fois aux pieds, n'ont pu s'empêcher de lui rendre hommage et de la protéger eux-mêmes plus d'une fois. Reprenons Suétone et Tacite, et ils nous diront que ces empereurs, que nous avons vus si cupides du bien d'autrui, battre monnaie avec la fortune des citoyens, quand leurs besoins étaient moins urgents, quand leur perversité n'était pas encore parvenue à son apogée, quand leurs passions étaient un instant assoupies, respectèrent et sauvegardèrent le droit de propriété.

Ainsi Tibère se donna des soins pour garantir le repos public contre les brigandages et les vols [2]. Tacite atteste de son côté que, contrairement à l'avis des prêteurs de l'épargne, cet empereur indemnisa un sénateur romain, Pius Aurélius, dont la maison avait été mise en péril par l'exhaussement d'une voie publique et d'un conduit d'eau [3].

Caligula augmenta les prérogatives des magistrats, et le nom-

[1] *Histor.*, I, 90.

[2] Suétone, *In Tiber.*, XXXVII.

[3] *Annal.*, I, 75.

bre des décuries des juges; il acquitta spontanément des legs faits par Tibère et par Julia Augusta, bien que leurs testaments eussent été annulés [1]. Claude s'est fait un nom dans l'histoire de la procédure, pour avoir restitué dans l'exercice de leurs actions les demandeurs qui, selon la rigueur du régime formulaire, étaient déchus pour être tombés dans le cas de la plus-pétition [2], et la plus-pétition pouvait avoir lieu dans les actions *in rem*, c'est-à-dire dans la revendication des droits absolus, comme dans les actions *in personam* [3]. Sous Néron des dispositions nouvelles furent sanctionnées pour prévenir ou déjouer les artifices des faussaires [4].

Vespasien désigna, par la voie du sort, les juges qui devaient faire restituer ce qui avait été arraché de vive force pendant les guerres, et facilita ainsi l'expédition des affaires qui étaient de la compétence de centumvirs [5]. Enfin, Domitien lui-même, Domitien l'opprobre des hommes et l'abjection des empereurs, nota d'infamie certains juges prévaricateurs, et retint dans le devoir plus d'un président dans les provinces. Or, surveiller les juges et les magistrats, c'est protéger le patrimoine des citoyens, car qu'importent les meilleures lois si elles n'ont pas des organes dignes d'elles?—Le même empereur annula les sentences des centumvirs quand elles étaient dictées par la faveur [6].—L'histoire pouvait-elle nous fournir une plus belle page dans l'intérêt de la propriété?

XXXII. Depuis Constantin jusqu'à Justinien, le droit de propriété privée est aussi fortement garanti par l'ensemble des constitutions impériales qu'il l'avait été dans le second et le troisième siècle par les travaux scientifiques des grands jurisconsultes.

[1] *In Caligul.*, XVI.
[2] *In Claud.*, XIV.
[3] Gaius, IV, 53 et 60. — Vatican. frag. LIII. — Justinien, *Instit.*, liv. IV, tit. VI, 33.
[4] *In Neron.*, XVII.
[5] *In Vespas.*, X.
[6] *In Domitian.*, VIII

Il importe d'ailleurs de noter, avant d'indiquer quelques-unes de ces constitutions, que la grande révolution qui s'opérait dans le droit destiné à régler les rapports de la famille était éminemment favorable à la conservation du droit de propriété. L'extension des pécules sur une échelle beaucoup plus étendue [1], en créant dans chaque fils de famille une personnalité juridique distincte de celle de l'ascendant, ou si l'on veut, en consacrant de plus fort l'aptitude du fils à posséder pour son propre compte, élargit la base de la propriété, puisque le grand nombre de nouveaux propriétaires qui surgirent constitua autant de nouveaux défenseurs du principe social. La faveur marquée avec laquelle s'exécutent les règles établies concernant le droit de légitime, et le nombre des affranchissements qui s'accroît tous les jours, grâce aux influences chrétiennes, concourent au même résultat. C'est que plus la propriété est divisée et moins elle a à craindre pour sa conservation. Il est des époques où le morcellement du sol et le grand fractionnement des intérêts matériels deviennent l'unique garantie du maintien du pivot sur lequel la société est assise.

XXXIII. J'arrive maintenant aux constitutions impériales que j'ai déjà énoncées. Il serait beaucoup trop long sans doute de les énumérer toutes ; il me suffira, pour atteindre mon but, de mentionner les dispositions suivantes.

Constantin formule la maxime élémentaire : *Suæ quisque rei moderator atque arbiter est* [2]. Par divers rescrits, insérés dans le Code Théodosien [3], il garantit à chacun de ses sujets la possession paisible de sa fortune. Il les abrite contre les poursuites injustes et vexatoires du fisc, sévit contre les délateurs, et déclare, pour faire prévaloir le principe de l'égalité, que les peines prononcées contre le rapt ne pourront être éludées sous prétexte de la qualité du coupable. Enfin, il abroge le pacte commissoire en ma-

[1] Les pécules quasi-castrans et adventices datent de cette période.

[2] Constit., XXI, Cod., *Mandat.*

[3] Livre IV, titre XIII, const. I ; liv. X, tit. II, const. III ; tit. IV, const. I.

tière d'hypothèque [1]. Valens se montra constamment favorable dans ses actes aux intérêts des propriétaires ; c'est Aurélius Victor qui l'atteste [2]. D'après le témoignage du même écrivain, Théodose restitue, de ses deniers, à la plupart des anciens propriétaires dépouillés par Maxime, les valeurs qui leur avaient été extorquées [3]. Gratien, Valentinien et Théodose, pour mettre un terme aux abus des rescrits impériaux qui accordaient trop facilement des sursis aux débiteurs, disposent que ces rescrits n'auront désormais d'effet qu'à la condition que le débiteur donnera bonne et suffisante caution du payement de la dette à l'expiration du sursis [4]. Théodose et Arcadius statuent qu'en cas de travaux publics, la maison d'un particulier ne sera pas démolie sans que le propriétaire reçoive une indemnité équitable [5]. D'après une constitution de Théodose et Valentinien, les rescrits obtenus sur des requêtes présentées par des particuliers ne doivent lier les juges que dans le cas où ces actes émanés du prince ne léseront pas les tiers [6]. Enfin, Justinien témoigna de sa sollicitude pour le droit de propriété par plusieurs de ses constitutions, et notamment par celle où, revisant et fusionnant les règles de l'usucapion et de la prescription, il prorogea considérablement le délai accordé aux propriétaires pour exercer l'action en revendication [7].

XXXIV. Tel est, en général, l'esprit de la législation impériale. Quand même nous voudrions admettre que les empereurs n'ont pas eu en vue de conformer leurs actes législatifs aux principes chrétiens, il n'en serait pas moins certain qu'ils n'ont eu à lutter contre aucun d'eux, dans les dispositions protectrices du droit de propriété que nous venons d'analyser.

[1] Cod. Justian., *De pactis pignor.*, constitut. III.
[2] Epitome de l'édition Panckoucke, p. 408.
[3] *Ibid.*, 416.
[4] Cod., *De precib. imperat. offerend.*, constitut. IV.
[5] Cod., *De oper. public.*, const. IX.
[6] Cod., *De precib. imperator. offerend.*, const. VII.
[7] Const. unic., *De usucap. transform.*

XXXV. L'Evangile ne contient en effet aucun précepte, aucune tendance hostile au droit de propriété. Sans doute il exalte et glorifie par-dessus tout l'amour de la pauvreté, il préconise le danger et la vanité des richesses; il conseille aux hommes de s'en détacher, d'oublier la terre pour tourner toutes leurs aspirations vers le ciel; il leur recommande de la manière la plus pressante le dogme saint de la charité et de la fraternité; mais il ne sape pas pour cela, il n'ébranle pas le principe sur lequel la fortune individuelle repose. Bien loin de là, son divin auteur reconnaît indirectement sa légitimité en prédisant la durée et la perpétuité du principe qui implique nécessairement l'inégalité des fortunes, lorsqu'il adresse à ses disciples ces paroles mémorables : « Vous aurez toujours des pauvres au milieu de vous, mais « vous ne m'aurez pas toujours avec vous » : *Pauperes semper habetis vobiscum, me autem semper non habetis*[1]. Comment aurait-il nié ou combattu le principe de la propriété privée, lui qui recommandait à la foule groupée autour de lui de ne pas commettre de vols : *furtum non facies*[2]; qui enseigna d'une manière si explicite la soumission et l'obéissance aux pouvoirs établis; qui disait aux juifs : *Rendez à César ce qui est à César*[3]? Celui qui respectait et recommandait de respecter les institutions et les lois politiques qui sont l'œuvre des hommes, pouvait-il pousser au renversement des lois éternelles de la société, qui sont l'œuvre de Dieu?

Il est vrai que les premiers chrétiens, emportés par l'élan du prosélytisme, établirent l'usage de vendre leurs biens et d'en mettre le prix en commun. Mais de ces actes purement spontanés, n'ayant rien d'obligatoire, produit de la ferveur des néophytes, que peut on conclure contre le principe? —On va voir qu'il fut nettement reconnu par les premiers apôtres eux-mêmes. Voici,

[1] Matth., XXVI, 2. Le présent *habetis* est pour le futur *habebitis*. Voyez notamment les annotations de la Bible de Vence et de Lemaistre de Sacy.

[2] Matth., XIX, 19.

[3] *Ibid.*, XXII, 21.

en effet, ce qu'on lit dans le cinquième chapitre des Actes de ces apôtres ; il s'agit du récit de la mort d'Ananias et de Saphira :

« Ananias et Saphira, sa femme, vendirent une possession.
« Le mari retint une partie du prix, du consentement de sa
« femme. Il en apporta le reste et le mit aux pieds des apôtres.
« Mais Pierre lui dit : Ananias, pourquoi Satan s'est-il emparé
« de ton cœur pour te faire mentir au Saint-Esprit et détourner
« une partie du prix de ce fonds de terre ? Si tu l'eusses gardé,
« ne te demeurait-il pas ? et, l'ayant vendu, n'était-il pas en ton
« pouvoir d'en garder le prix ? *Nonne manens tibi manebat,*
« *et venundatum in tuâ erat potestate ?* Comment cela a-t-il pu
« entrer dans ton cœur ? Ce n'est pas aux hommes que tu as
« menti, mais à Dieu. »

Dans ces paroles remarquables, saint Pierre reconnaissait donc formellement qu'Ananias était le maître de conserver son champ, qu'il n'était pas obligé d'en mettre le prix en commun, que, l'ayant vendu, il restait en son pouvoir d'en garder le prix pour lui seul, et, s'il lui adresse un reproche, ce n'est pas de ce qu'il n'a apporté qu'une partie de ce prix pour le mettre en commun, mais de ce qu'il avait commis un mensonge, en déguisant une partie de la somme qu'il avait reçue de l'acheteur.

D'un autre côté, l'apôtre saint Paul. dans son épître aux Ephésiens, où il donnait des conseils aux maîtres et aux esclaves, recommandait sans doute aux premiers d'être humains, compatissants, généreux envers les seconds, mais il disait aussi aux esclaves :

« Obéissez avec crainte et tremblement et dans la simplicité
« de votre cœur, à ceux qui sont vos maîtres selon la chair,
« comme à Jésus-Christ [1]. » Dans sa première épître à Timothée, il tient le même langage :

« Que tous les esclaves qui sont sous le joug de la servitude,
« dit-il, sachent bien qu'ils sont obligés de rendre toute sorte

[1] Chap. VI, vers. 5.

« d'honneurs à leurs maîtres, *quicumque sunt sub jugo servi, do-*
« *minos suos omni honore dignos arbitrentur* [1]. Puis il ajoutait ces paroles bien dignes d'être pesées :

« Si quelqu'un enseigne une doctrine différente de la nôtre,
« il est enflé d'orgueil, il ne sait rien, mais il est possédé d'une
« maladie d'esprit qui l'emporte en des questions et des combats
« de paroles d'où naissent l'envie, les contestations, les médi-
« sances : *Si quis aliter docet, superbus est, nihil sciens, sed lan-*
« *guens circa quæstiones et pugnas verborum ex quibus oriuntur*
« *invidiæ, contentiones, etc.* [2].

L'apôtre pouvait-il rendre un hommage plus manifeste au droit de propriété? Et notez qu'il s'agissait d'un genre de propriété qui était seul odieux, seul en opposition avec les principes du droit naturel, en opposition flagrante surtout avec les idées que le christianisme faisait prévaloir, car il s'agissait de la propriété des maîtres sur la personne de leurs esclaves. Enfin, saint Paul couronne toute sa doctrine en disant que les voleurs ne posséderont jamais le royaume de Dieu : *Neque fures Dei regnum possidebunt* [3]. Si les dépositaires de l'esprit évangélique avaient voulu prêcher l'insurrection et la révolte contre la propriété, n'auraient-ils pas commencé par dire aux esclaves : « Secouez le joug « de vos maîtres et ressaisissez votre liberté ? »

Et, au contraire, ils disent que ceux qui prêchent une doctrine autre que celle de l'obéissance et de la soumission, ne savent rien, et sont possédés de la maladie d'esprit la plus funeste par ses conséquences et la plus propre à jeter la perturbation dans le monde. Il n'y avait qu'un respect absolu pour le droit de propriété qui pouvait leur commander un tel langage.

Les apôtres enseignèrent donc aux hommes une doctrine nouvelle sur l'usage qu'ils devaient faire de leur fortune. Ils les convièrent à s'en servir selon le précepte de l'amour et de la

[1] Chap. VI, 1.
[2] *Ibid.*, vers. 3, 4 et 5.
[3] *Ad Corinth.*, I, chap. VI, 10.

charité, ils combattirent avec la plus grande énergie le vice de l'avarice et de l'égoïsme, qui avait été la lèpre du monde païen ; mais ils n'attaquèrent nullement le principe sur lequel reposait la propriété.

Les empereurs dont nous avons cité les constitutions n'avaient donc pas à redouter, par rapport à leur exécution, le courant des idées chrétiennes.

XXXVII. En somme, sous l'empire, les abus du despotisme, l'avarice et la cupidité des mauvais princes, les proscriptions politiques, les persécutions dont les chrétiens furent l'objet, amenèrent les atteintes au droit de propriété que j'ai énoncées. Je ne les ai pas exposées d'une manière complète ; je n'ai voulu indiquer que les principales. Je laisse encore à l'écart, indépendamment des faits que j'appellerai *externes,* comme, par exemple, l'invasion des barbares, d'autres faits qui, appartenant à l'histoire interne du peuple romain, ont constitué des lésions nombreuses au droit de propriété. Ainsi, pendant cette période, et surtout à partir du quatrième siècle, le partage de l'empire, la multiplicité des princes qui, plus d'une fois, occupèrent le trône en même temps, le choc des prétendants qui le disputaient entre eux, les guerres civiles, surtout celles qui précédèrent et suivirent l'avénement de Constantin ; la confusion des pouvoirs, la faiblesse de l'administration, l'anarchie militaire, le relâchement des liens sociaux dans le sein d'une nation qui tombait de toutes parts en dissolution, durent amener nécessairement le froissement de plus d'un droit acquis et jeter le trouble dans plus d'un patrimoine. On en trouve des traces plus ou moins positives dans tous les écrivains qui ont recueilli l'histoire de la décadence de l'empire Romain ou du Bas-Empire [1] ; mais ces faits sont pour la plupart sans liaison entre eux, et n'apporteraient d'ailleurs aucune modification aux conclusions de ce travail, que je résume et formule de la manière suivante :

[1] Voir notamment l'Histoire de Gibbon.

XXXVIII. 1° A Rome, la propriété a été une institution de droit religieux, politique, civil, enfin, de droit naturel; elle a été considérée constamment comme le fondement de la société romaine.

2° Sous la monarchie, point d'atteinte portée au principe sur lequel les fortunes individuelles reposent.

Sous la république, atteintes nombreuses aux droits des créanciers par l'effet de l'abolition ou de la réduction des dettes; atteintes nombreuses aussi à la propriété par les confiscations opérées par Marius, Sylla et les triumvirs, et par les dépossessions violentes opérées en faveur des légionnaires, par Sylla, César, Marc-Antoine et Octave.

Sous l'empire, confiscations nombreuses opérées par l'abus du despotisme impérial.

3° Le peuple romain, à part la ratification des actes de Sylla, ratification qui a été énergiquement flétrie [1], n'a jamais concouru par ses votes aux atteintes qui viennent d'être énumérées; elles sont un fait purement matériel, purement accidentel, résultant des abus du pouvoir dictatorial ou du despotisme des empereurs, et ne prennent leur point d'appui dans aucun principe.

4° Ces atteintes n'ont jamais frappé sur une classe entière de citoyens; elles n'ont été commises qu'au préjudice de certains individus ou de certaines cités.

5° La mesure de la réduction ou de l'abolition des dettes s'explique et se légitime dans certains cas par les excès de l'usure et la dureté des créanciers; quant aux autres atteintes, elles ne peuvent être légitimées. Les Romains en ont fait eux-mêmes justice, soit par l'odieux qu'ils attachaient aux possessions injustement acquises, soit par le refus de leurs jurisconsultes de concourir à tout ce qui aurait pu ressembler à une consécration des actes de spoliation, soit, enfin, par le désaveu tacite des lois

[1] Cicéron, *De leg. agrar.*, III, 2. Il dit : Omnium legum *iniquissimam, dissimillamque legis* esse arbitror eam, quam L. Flaccus interrex tulit, ut omnia quæcumque Sulla fecisset, essent rata.

agraires d'Octave, de la part de ceux qui les avaient faites. On a vu, d'un autre côté, que les mauvais empereurs avaient eux-mêmes rendu hommage au principe de la propriété privée.

6° Les lois agraires proprement dites n'ont jamais eu pour objet le partage des terres faisant partie du domaine des particuliers ; elles n'ont jamais eu trait qu'au partage des terres dépendant du domaine public, ou constituant l'*ager publicus*. Ainsi, ces lois ont bien eu pour effet de faire de nouveaux propriétaires, mais jamais de porter atteinte aux droits acquis à d'autres propriétaires.

7° Les lois agraires, loin de remettre en question le droit de propriété privée, l'ont, au contraire, respecté de la manière la plus significative, puisque deux d'entre elles, celles qui furent proposées successivement par les tribuns Icilius et Tibérius Gracchus, admirent le principe de l'indemnité en faveur des détenteurs de l'*ager publicus*.

8° Les mêmes lois n'ont jamais fixé le maximum que les fortunes individuelles ne pourraient dépasser. Le maximum de cinq cents jugères, dont parlent les lois Liciniennes et la loi *Sempronia* (c'est-à-dire la loi de Tibérius Gracchus), ne s'appliquait qu'à la possession des terres publiques.

9° Des propositions tendant au partage des terres privées ou faisant partie de l'*ager privatus*, c'est-à-dire du domaine de chaque particulier, ne se sont jamais produites dans la société romaine. Elles n'ont surgi ni dans les temps primitifs, où la condition des plébéiens était la plus misérable, ni à l'époque des luttes les plus passionnées de la démocratie contre l'aristocratie, ni dans le milieu le plus ardent des guerres civiles des derniers temps de la république ; elles ne se sont fait jour ni sous l'influence des doctrines humanitaires du stoïcisme, ni sous l'impulsion encore plus vive du christianisme vers le principe de l'unité, de l'égalité, de la fraternité ;

10° Dans le cours des treize siècles qui se sont écoulés (approximativement) depuis la fondation de Rome jusqu'à Justinien, quel est le principe qui, existant au point de départ, est resté debout jusqu'au point d'arrivée? Ce ne sont pas les institutions politiques, car entre Rome à son origine et Constantinople sous Justinien, qu'y a-t-il de commun? Ce ne sont pas les idées religieuses : le christianisme trône sur les ruines du paganisme; ce ne sont pas les mœurs; il y a un abîme entre le génie des anciens Romains et des Romains du Bas-Empire; enfin, ce n'est pas l'organisation de la famille; les bases de cette organisation sont tout à fait changées. Rien n'a donc résisté à l'action du temps; politique, religion, mœurs, institutions domestiques, tout a péri ou s'est transformé dans le cours des âges : une seule chose a survécu, c'est la propriété!!!

EXTRAIT DE LA *REVUE DE LÉGISLATION ET DE JURISPRUDENCE*,

Septembre, Octobre 1848.

Imprimerie de HENNUYER et Ce, rue Lemercier, 24. Batignolles.

www.ingramcontent.com/pod-product-compliance
Ingram Content Group UK Ltd.
Pitfield, Milton Keynes, MK11 3LW, UK
UKHW031954260826
14628UKWH00005B/2037

9 782014 093506